信息通信技术驱动中国经济高质量增长的路径研究

杨 杨 著

中国财经出版传媒集团
中国财政经济出版社
·北京·

图书在版编目（CIP）数据

信息通信技术驱动中国经济高质量增长的路径研究／杨杨著．--北京：中国财政经济出版社，2025.6.
ISBN 978-7-5223-4043-2

Ⅰ.G202；F124.1

中国国家版本馆 CIP 数据核字第 2025Z8N763 号

责任编辑：彭　波　　　　责任校对：徐艳丽
封面设计：孙俪铭　　　　责任印制：史大鹏

信息通信技术驱动中国经济高质量增长的路径研究
XINXI TONGXIN JISHU QUDONG ZHONGGUO JINGJI
GAOZHILIANG ZENGZHANG DE LUJING YANJIU

中国财政经济出版社 出版

URL：http：//www.cfeph.cn

E-mail：cfeph@cfeph.cn

（版权所有　翻印必究）

社址：北京市海淀区阜成路甲 28 号　邮政编码：100142

营销中心电话：010-88191522

天猫网店：中国财政经济出版社旗舰店

网址：https://zgczjjcbs.tmall.com

涿州汇美亿浓印刷有限公司印刷　各地新华书店经销

成品尺寸：170mm×240mm　16 开　12.5 印张　188 000 字

2025 年 6 月第 1 版　2025 年 6 月河北第 1 次印刷

定价：68.00 元

ISBN 978-7-5223-4043-2

（图书出现印装问题，本社负责调换，电话：010-88190548）

本社图书质量投诉电话：010-88190744

打击盗版举报热线：010-88191661　　QQ：2242791300

前　言

20世纪80年代以来，信息通信技术（Information and Communication Technology，ICT）的快速发展和广泛应用引起了继农业革命、工业革命之后的新一轮全球科技革命，以ICT为核心的信息革命和数字浪潮正深刻影响着经济社会的各个领域，并且成为重塑国际经济、政治、文化、社会、生态、军事发展新格局的主导力量。面对新一轮科技革命的新趋势和新挑战，世界各国高度重视ICT和数字经济的发展，以美国、欧盟、日本、俄罗斯为代表的发达国家均制定了以数字经济为主导的国家战略和发展规划。因此，如何加快建设数字国家、占据信息通信技术制高点已成为全球共识。

2017年以来，中国经济由高速增长阶段转向中高速增长的高质量发展阶段，面对人口红利下降、资本报酬递减、产能严重过剩、能源约束加剧、环境压力凸显以及外需拉动力减弱等问题，过去基于要素和投资驱动的粗放型增长模式亟须向知识和创新驱动的增长模式转变。2021年，国家"十四五"规划提出，中国已进入建设创新型国家和世界科技强国的关键时期，实施创新驱动发展战略是实现高质量发展、构建发展新格局的必然选择。此外，中国的数字经济发展也取得了举世瞩目的成就。相关数据显示，中国数字经济的规模连续多年位居世界第二，在2020年占GDP比重达38.6%，在数字基础设施、数字市场规模等方面均排在全球前列。近十年来，中国政府也陆续出台"互联网+""网络强国""两化融合""数字中国"等多项国家重大战略鼓励ICT的发展。由此可见，ICT和数字经济正在成为中国经济的核心支撑力和创新驱动力。

从现有研究来看，ICT影响经济总量和生产率增长的研究较为丰富，一些文献也分析了ICT对产业结构、技术创新、技术溢出、组织管理等方面的作用，从多个层面探究和证实了ICT的贡献。但是，现有研究更多的是从定量的角度对ICT的增长效应进行分析，而较少基于ICT所具有的技术属性和特征去分析其内在的创新机理，尤其是对ICT宏观效应的微观基础研究较为匮乏。此外，中国的经济增长在高质量发展阶段面临新的要求和目标，即经济高质量增长，中国的发展理念和经济实践赋予了具有中国特色的经济高质量增长的丰富内涵。但是，一方面，鲜有文献对高质量增长的含义进行系统全面的论述；另一方面，仅有少量研究从居民消费、创业、就业等视角，分析了ICT及其相关技术对经济高质量增长的影响。因此，本研究对经济高质量增长的内涵和特征进行了全面梳理和总结，并结合ICT的特征和创新效应，分析其驱动经济高质量增长的内在机理和实现路径。

本研究提出，经济高质量增长是在稳定的经济增长基础上，实现科技创新驱动、供给质量提升、全面均衡协调以及可持续发展的经济增长高级状态。首先，从高质量增长的定义来看，技术创新是推动高质量增长的核心动能，而微观首先，企业是科技创新的主体，创新活动主要依靠企业实现。因此，本研究以提高企业自主创新作为经济高质量增长的创新驱动路径，从微观应用层面分析了ICT对企业自主创新的影响。其次，由于微观层面的发展效应会不断累积放大，最终在宏观上表现为生产率的提升，宏观生产率的提高是实现经济高质量增长的必然结果。因此，本研究以促进宏观生产率增长作为实现经济高质量增长的效率提升路径，从宏观层面分析ICT对中国劳动生产率增长的影响。最后，由于可持续发展为高质量增长的普遍目标，体现的是经济与自然环境在更高层面的和谐发展。考虑到工业碳排放约占中国碳排放总量70%的现实背景，因此，本研究从降低中国工业二氧化碳强度的角度，构建了ICT推动高质量增长的可持续发展路径。

综上，本研究结合经济高质量增长的内涵和ICT的创新机制，以"创新驱动路径"→"效率提升路径"→"可持续发展路径"为主线，对ICT驱动中国经济高质量增长的实现路径进行了层层深入的分析，并进行了相应的实证检验。

围绕以上研究内容，本研究结论如下：

首先，从ICT推动经济高质量增长的创新驱动路径，即ICT对企业自主创新能力的影响来看，本研究的理论分析表明ICT的技术特征能够大幅增加企业获取信息的效率和渠道，从而提高企业创新资源的积累和投入水平，具体表现在通过增加研发投入、提高人力资本、优化劳动力技能结构和降低交易成本等机制实现ICT投入对企业自主创新能力的推动作用。基于理论分析结果，本研究进一步以中国沪深A股的上市公司为研究对象进行实证检验，检验结果表明企业的ICT投资能够促进企业的自主创新水平。其中，ICT企业能够通过提高研发水平和改善劳动力技能结构来实现ICT投入对自主创新的促进作用，而非ICT企业的ICT投入主要通过降低交易费用、提高代理效率来实现企业自主创新水平的提升。

其次，从ICT推动经济高质量增长的效率提升路径，即ICT对中国劳动生产率增长的影响来看，宏观层面的ICT资本投入能够通过提高资本深化水平和资本要素质量来直接影响生产率增长，与此同时，ICT资本能够对其他要素产生替代作用实现要素投入结构和配置效率的优化，并且能够加强组织管理效率，从而间接推动宏观生产率的增长。实证检验发现，ICT资本的快速积累促进了中国劳动生产率的增长，但ICT资本内部结构（软硬件资本比）的变化对劳动生产率增长存在抑制作用。从行业的特征来看，ICT 资本水平和 ICT 资本结构对生产率增长的影响在工业和服务业存在较大差异，而 ICT 资本密集度较高、人力资本增长较快的行业能够有效削弱 ICT 资本内部结构的变化对劳动生产率增长的负面影响。

最后，从 ICT 推动经济高质量增长的可持续发展路径，即 ICT 对二氧化碳排放强度的影响来看，理论上，ICT 呈现出虚拟化、去物质化的集约型特征有助于融合发展绿色低碳技术，并且能够提高要素流动和配置效率影响产业结构的调整，进而影响二氧化碳的排放强度。本研究以中国工业部门作为研究样本进行检验后发现，ICT 资本投入对工业碳强度的降低具有积极作用，在影响渠道方面，效率进步特别是纯技术效率的提高是 ICT 资本投入降低工业碳强度的重要渠道。此外，ICT 资本投入对工业碳强度的影响会随着 ICT 资本内部结构、国内研发强度和外资投入水平的变化产生门槛效应，尤其是软件的碳减排效应会随着研发强度和外资投入水平的提高而增强。

相较于现有研究，本研究的创新之处在于：

第一，本研究明确界定了经济高质量增长的内涵和特征为：以科技创新为核心动能、质量提升为基本手段、协调统一为内在要求、可持续发展为普遍目标的经济增长高级状态。从现有文献来看，经济高质量增长这一概念在相关研究中有所使用，但其内涵缺乏详细界定和具体分析。本研究结合经济学理论以及中国经济实践的现实背景，对经济高质量增长的定义进行了明确界定和全面分析，为高质量发展阶段的经济增长研究奠定了基础。

第二，本研究拓展了 ICT 驱动中国经济增长的理论和实践研究。关于 ICT 增长效应的既有研究大多关注经济增长的数量特征，而将本研究焦点集中于经济增长的质量特征，将生产要素投入和技术创新纳入同一分析框架。同时，本研究着眼于不同层面的经济高质量增长的实现路径，分别探究ICT对经济高质量增长不同路径的影响和作用机制，弥补了ICT影响经济高质量增长的实践研究不足。

第三，本研究构建了ICT影响经济高质量增长的系统性理论分析框架。对于经济高质量增长的内涵，本研究从增长动能、增长过程和增长目标三个层面进行了系统的概括和论述。在ICT的创新扩散机制方面，本研究结合ICT的技术特征，从微观技术层面、产业带动层面和社会发展层面进行了系统探究。在ICT推动经济高质量增长的实现路径方面，本研究也进一步从微观企业创新、宏观效率表现和可持续发展方面展开了系统分析。

目 录

第1章 绪论 ·· 1

 1.1 研究背景 ··· 1

 1.2 研究意义 ··· 2

 1.3 研究方法 ··· 3

  1.3.1 文献归纳法 ·· 3

  1.3.2 规范分析法 ·· 3

  1.3.3 实证分析法 ·· 4

  1.3.4 系统分析法 ·· 4

 1.4 研究思路与内容 ··· 4

  1.4.1 研究思路 ·· 4

  1.4.2 主要研究内容 ·· 6

 1.5 可能的创新点 ··· 7

第2章 文献综述 ··· 9

 2.1 经济高质量增长相关研究 ·· 9

  2.1.1 经济高质量增长的内涵 ··· 9

  2.1.2 经济高质量增长的测度 ··· 10

  2.1.3 经济高质量增长的影响因素 ··································· 12

 2.2 信息通信技术的经济影响研究 ·· 13

  2.2.1 信息通信技术对生产率的影响 ······························· 13

  2.2.2 信息通信技术对产业结构的影响 ……………………………… 15
  2.2.3 信息通信技术对能源消耗的影响 ……………………………… 16
  2.2.4 信息通信技术对技术创新的影响 ……………………………… 17
 2.3 文献述评 ……………………………………………………………… 18

第3章 信息通信技术驱动经济高质量增长的理论分析与路径实现 ……… 20

 3.1 经济高质量增长的理论内涵 ………………………………………… 20
  3.1.1 经济增长理论 …………………………………………………… 20
  3.1.2 经济增长与经济发展 …………………………………………… 23
  3.1.3 经济高质量增长的内涵 ………………………………………… 25
 3.2 信息通信技术对经济高质量增长的创新效应 ……………………… 33
  3.2.1 信息革命的时代背景与信息通信技术的定义 ………………… 33
  3.2.2 信息通信技术的特征 …………………………………………… 35
  3.2.3 信息通信技术的创新扩散机制 ………………………………… 37
 3.3 信息通信技术推动经济高质量增长的实现路径 …………………… 39
  3.3.1 创新驱动路径：信息通信技术提高企业自主创新 …………… 39
  3.3.2 效率提升路径：信息通信技术促进宏观生产率增长 ………… 44
  3.3.3 可持续发展路径：信息通信技术降低二氧化碳排放 ………… 48
 3.4 本章小结 ……………………………………………………………… 52

第4章 信息通信技术对企业自主创新能力的影响 ……………………… 54

 4.1 问题的提出 …………………………………………………………… 54
 4.2 机制分析与研究假设 ………………………………………………… 56
  4.2.1 ICT 行业的企业自主创新 ……………………………………… 56
  4.2.2 非 ICT 行业的企业自主创新 …………………………………… 59
 4.3 研究设计 ……………………………………………………………… 62
  4.3.1 样本选择与数据来源 …………………………………………… 62
  4.3.2 模型设定与变量说明 …………………………………………… 62
 4.4 实证结果分析 ………………………………………………………… 64

  4.4.1 描述性统计分析 …… 64
  4.4.2 基准回归结果 …… 65
  4.4.3 异质性分析 …… 67
 4.5 机制检验 …… 74
  4.5.1 ICT 行业的影响机制检验 …… 74
  4.5.2 非 ICT 行业的影响机制检验 …… 78
 4.6 稳健性检验 …… 82
  4.6.1 样本选择性偏误检验 …… 82
  4.6.2 Heckman 两阶段回归 …… 84
  4.6.3 政策外生冲击 …… 86
  4.6.4 更换变量 …… 90
 4.7 本章小结 …… 91

第 5 章 信息通信技术对劳动生产率增长的影响 …… 93

 5.1 问题的提出 …… 93
 5.2 ICT 资本互补性与劳动生产率 …… 96
 5.3 ICT 资本存量核算方法 …… 98
 5.4 ICT 资本核算结果 …… 102
  5.4.1 ICT 资本存量核算基本结果 …… 102
  5.4.2 ICT 资本密集度 …… 106
  5.4.3 ICT 软硬资本比 …… 109
 5.5 实证方法 …… 111
  5.5.1 模型设定 …… 111
  5.5.2 数据说明 …… 112
 5.6 实证结果分析 …… 114
  5.6.1 总体回归 …… 114
  5.6.2 分阶段回归 …… 116
  5.6.3 稳健性检验 …… 118
 5.7 异质性分析 …… 119

  5.7.1 不同产业对比 ………………………………………………… 119
  5.7.2 ICT 资本密集度的影响 ………………………………………… 121
  5.7.3 人力资本的增长 ………………………………………………… 123
 5.8 本章小结 …………………………………………………………… 125

第6章 信息通信技术对工业碳强度的影响 …………………………… 126
 6.1 问题的提出 ………………………………………………………… 126
 6.2 文献回顾 …………………………………………………………… 127
  6.2.1 碳强度的影响因素 ……………………………………………… 128
  6.2.2 ICT 的碳排放效应 ……………………………………………… 129
 6.3 作用渠道分析：基于 TFP - Malmquist 指数的分解 ……………… 130
  6.3.1 TFP - Malmquist 指数分解法 …………………………………… 130
  6.3.2 作用渠道分析 …………………………………………………… 132
 6.4 数据和方法 ………………………………………………………… 134
  6.4.1 变量选择与数据来源 …………………………………………… 134
  6.4.2 描述性统计分析 ………………………………………………… 137
  6.4.3 实证方法 ………………………………………………………… 138
 6.5 实证结果 …………………………………………………………… 139
  6.5.1 基准回归结果 …………………………………………………… 139
  6.5.2 不同技术水平行业的异质性分析 ……………………………… 141
  6.5.3 作用渠道检验 …………………………………………………… 143
 6.6 稳健性检验 ………………………………………………………… 145
  6.6.1 调整 ICT 资本存量核算方法 …………………………………… 145
  6.6.2 调整行业为制造业行业 ………………………………………… 146
  6.6.3 调整样本期为 2000～2010 年 …………………………………… 148
  6.6.4 内生性处理 ……………………………………………………… 149
 6.7 ICT 资本投入与工业碳强度的门槛效应 ………………………… 150
  6.7.1 面板门槛模型设定 ……………………………………………… 151
  6.7.2 门槛变量检验 …………………………………………………… 151

6.7.3　门槛回归结果分析 …………………………………… 153
　6.8　本章小结 ……………………………………………………… 155

第7章　研究结论与政策建议 ……………………………………… 156
　7.1　研究结论 ……………………………………………………… 156
　7.2　政策建议 ……………………………………………………… 158

参考文献 ……………………………………………………………… 161

第 1 章

绪 论

1.1 研究背景

20 世纪 80 年代以来，信息通信技术（Information and Communication Technology，ICT）的快速发展和广泛应用引起了继农业革命、工业革命之后的新一轮全球性科技革命，以 ICT 为驱动的信息革命和数字浪潮深刻重塑经济社会的各个领域，移动互联、物联网、云计算、大数据、人工智能等 ICT 相关技术与各个产业融合，推动了生产方式、产品形态、商业模式、产业组织和国际格局的深刻变革，加快建设数字国家、占据信息通信技术制高点已成为全球共识。

面对新一轮科技革命的趋势和挑战，世界主要国家均积极推动并投入信息化建设，中国也将信息化和数字经济发展作为重要的国家战略。早在 1984 年，邓小平就提出"开发信息资源，服务四化建设"。随后，中国政府制定了多项战略部署和专项规划，指出信息化是加快实现工业化、现代化和社会生产力跨越式发展的必然选择。近十年来，随着 ICT 及其相关技术的加速进步和扩散，数字产业逐渐成为全面支撑中国经济的战略性、支柱型和先导性产业，党中央和国务院也先后出台多项相关政策文件和重大战略，诸如"互联网＋""网络强国""两化融合""数字中国"等。在国家政策的引导下，中国数字经济规模持续扩大，已成为带动中国经济增长的核心动力。根据中国信息通信研究院的测算，中国数字经济总量在 2020 年占 GDP 的 38.6%，数字经济对 GDP 增长的贡献率已经超越了部分发达国家的水平。

改革开放以来，中国经济实现了近 40 年的高速增长，以近 10% 的年均增长速度创造了世界奇迹。但是，中国经济的长期高速增长是基于要素和投资驱动的粗放型增长模式，人口红利下降、资本报酬递减、产能严重过剩、能源约束加剧、环境压力凸显以及外需拉动力减弱等问题的出现使得中国经济增速呈现下降趋势。2012 年后，中国的经济增速明显放缓并进入新常态，党的十九大报告也明确指出中国经济已由高速增长阶段转向高质量发展阶段。在新的发展阶段和发展理念下，创新成为引领发展的第一动力，是建设现代化经济体系的战略支撑。随着数据的完善与核算方法的进步，很多研究发现 ICT 投入对大多数国家的经济增长和生产率提高做出了显著贡献，ICT 相关技术和数字经济发展赋予了经济社会发展的新赛道和新动能，并且成为创新驱动发展的核心要素。2021 年，国家"十四五"规划提出，中国已经进入全面推进创新型国家和世界科技强国建设的关键时期，实施创新驱动发展战略是实现高质量发展的必然选择，而充分发挥 ICT 和数字经济的创新驱动力是实现新的发展理念和发展目标的核心支撑。

因此，在以 ICT 为核心的全球发展趋势下，结合中国经济高质量增长和 ICT 产业迅速发展的现实需求，本研究试图探究如何发挥 ICT 对中国高质量增长的创新驱动力，以及分析检验 ICT 通过何种路径实现经济高质量增长的具体机制，从而为相关研究和政策制定提供参考。

1.2　研究意义

ICT 和经济增长一直是中国政府和学者们广泛关注的内容，深入研究 ICT 驱动经济高质量增长的实现路径具有重要的理论价值和实践意义。

本研究的理论意义具体体现在三个方面：第一，本研究首先对经济高质量增长的概念进行了界定，充分分析了中国发展时代背景下的经济增长质量理论内涵，这不仅是对经济增长理论的进一步拓展，同时也是对具有中国特色的发展理论的有益补充。第二，本研究基于理论研究和实证分析概括出 ICT 的创新性及其对高质量增长的促进作用，重点从 ICT 具有的属性的角度进行讨论，为

ICT 的创新驱动力提供理论证据。第三，本研究采用理论模型和机制分析从多个维度、多个视角对 ICT 影响高质量增长的路径实现进行系统研究，阐释了一些理论假说在中国的适用性和有效性，并为学术界所存在的相关争议提供理论解释。

本研究的实践意义在于，高质量增长是在中国经济发展的新理念和新阶段下对经济增长的质量和效益提出的总基调和新目标，而信息化、数字化和智能化是中国以及世界发展的必然趋势，也是中国经济社会发展的重要战略内容。因此，研究 ICT 对经济高质量增长的促进作用和实现路径，一方面对于当前中国实现全要素生产率提升、产业转型升级、增长动力转换等具有重要的现实意义，同时也为新经济发展、新动能打造的实践奠定基础；另一方面对于发展中国家而言，如何实现创新型国家建设和可持续增长是国家最关注的问题之一，而厘清 ICT 对经济高质量增长的作用机制和影响程度能够为中国经济的创新实践提供新思路，为企业的数字化转型和政府的政策制定提供依据。

1.3 研究方法

1.3.1 文献归纳法

文献归纳法是通过对文献进行搜集、鉴别以及整理归纳，对现有研究进行科学认识的过程。目前，关于经济高质量增长的分析以及 ICT 对经济增长各方面影响等方面的文献已经有大量积累，本研究通过对相关文献的整理与归纳，了解和借鉴前人的研究思路与方法，认识现有研究的成果与不足，为本研究内容提供科学依据与理论基础。

1.3.2 规范分析法

基于经济增长理论、经济发展理论与创新理论的相关内容，首先，本研究对中国经济高质量增长的内涵进行界定，从规范分析的角度回答"具有中国发展特色和特殊时代背景下的经济高质量增长应该包含哪些内涵"的问题。

其次，本研究从ICT的相关特征和经济属性出发，总结提炼ICT创新驱动的主要机制，从而判断ICT促进经济高质量增长的主要实现路径，进一步分析不同实现路径的内在作用机理。

1.3.3 实证分析法

根据本研究的核心研究内容，本研究将实证分析与规范分析相结合，运用实证方法对规范研究得到的结论进行检验。在实证分析中，本研究基于数据特征和分析需要，建立计量模型并选择合适的回归方法进行量化分析，从而从实证检验的角度回答"ICT对高质量增长的实际影响程度有多少"等问题。具体来看，本研究中运用的计量模型与方法主要包括双向固定效应模型（FE）、系统广义矩估计（GMM）、面板门槛回归模型、数据包络分析（DEA）、双重差分法（DID）等。

1.3.4 系统分析法

由于ICT的影响存在于经济系统中的各个方面，因此，本研究从微观技术应用、宏观结果表现和环境发展三个层面系统分析了ICT对中国经济高质量增长的作用。在微观技术应用层面，本研究重点通过分析ICT对企业创新资源的影响分析其对企业自主创新的作用；在宏观结果表现层面，本研究探讨了ICT如何通过加强资本深化、资本质量、要素投入结构和要素配置效率，进而提高宏观生产率的增长；在环境发展层面，本研究从降低二氧化碳强度的角度，研究了ICT对中国工业碳减排的推动作用。

1.4 研究思路与内容

1.4.1 研究思路

本研究主要围绕以下思路展开：在回顾相关文献和结合中国经济历史实践

的基础上,首先,本研究对经济高质量增长的内涵进行了界定,并且对其特征和影响因素进行了深入分析。其次,结合ICT的技术特征,本研究从技术运用、产业带动、社会发展三个层面阐释了ICT创新驱动的理论机制。基于高质量增长的内涵以及ICT的创新驱动机制,本研究则从微观技术应用、宏观结果表现和可持续发展层面系统分析了ICT推动经济高质量增长的实现路径和作用机制,并进行了相应的实证检验。最后,基于理论分析与实证检验的结果,提出相应的对策建议。

本书的技术路线如图1-1所示。

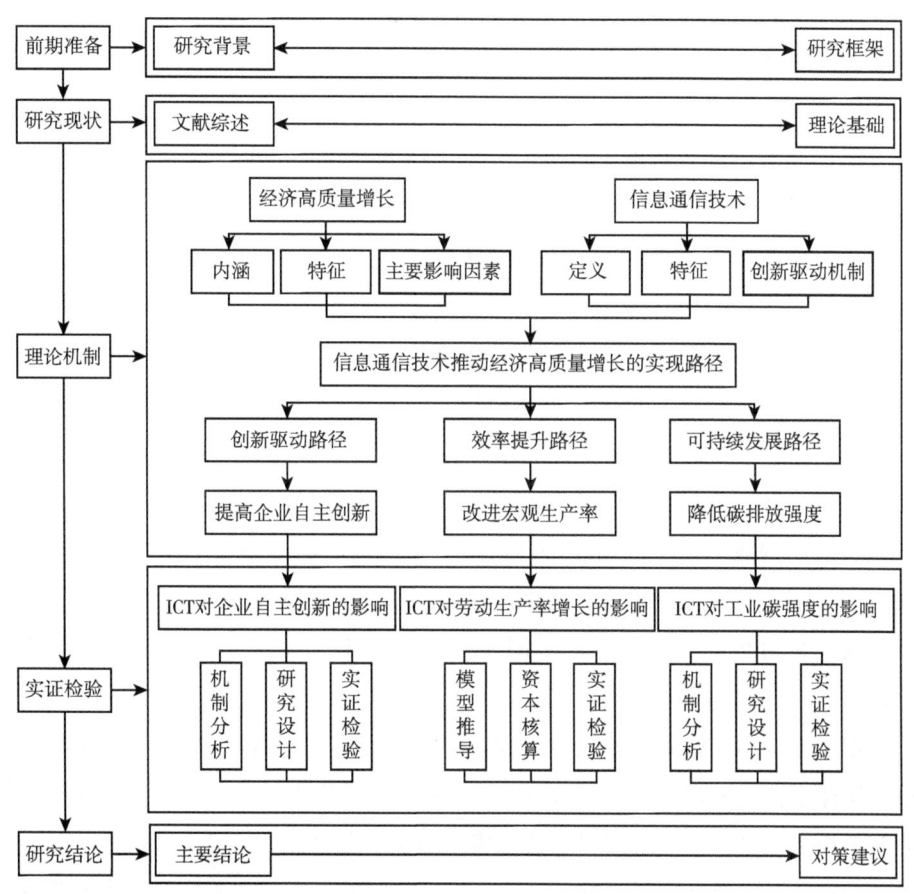

图1-1 本书的技术路线

1.4.2 主要研究内容

基于现有文献的回顾与梳理，并且遵循以上的研究目的和分析思路，本研究内容具体安排如下：

第1章为绪论，主要介绍本研究的选题背景和研究意义，阐述主要的研究思路以及拟采用的研究方法，在此基础上确定本书的研究框架和研究内容，同时指出主要的创新点。

第2章为文献综述，对ICT、经济高质量增长的相关文献进行梳理。本章重点梳理经济高质量增长的内涵、测度和影响因素，以及ICT的经济增长效应在不同方面的体现，主要包括ICT对生产率、产业结构、能源环境和技术创新等方面的影响，最后对以上现有研究做出简要述评，引出本研究的出发点，并为后续的机理分析和实证检验等奠定基础。

第3章为基于ICT视角对经济高质量增长的实现路径进行理论分析。首先，本章基于经济增长理论和经济发展理论，以及中国经济的实践历史和现实动因，对经济高质量增长的内涵进行界定。其次，本章对ICT的内涵和特征进行了概括，并结合以上特征从技术运用、产业带动、社会生活三个层面阐释了ICT的创新扩散机制。最后，本章结合经济高质量增长的内涵以及ICT的创新扩散效应，从微观层面的技术应用、宏观层面的结果表现以及自然环境层面的协调发展，构建了ICT推动经济高质量增长的创新驱动路径（提高企业自主创新）、效率提升路径（促进宏观生产率增长）、可持续发展路径（降低二氧化碳排放）的分析框架，并且对不同实现路径ICT驱动的具体机制进行了理论分析。

第4章为ICT影响企业自主创新的实证检验。本章基于2009～2019年的上市公司样本，从固定资产和无形资产的投资明细数据中识别、提取、汇总出公司的ICT投资水平，建立双向固定效应模型对ICT投资的自主创新影响进行估计，并且进行了内生性处理和稳健性检验，探讨了影响程度在企业规模、产权性质和市场化水平方面的异质性。此外，本章从ICT行业和非ICT行业两个角度分别探讨了ICT投入影响企业自主创新的理论机制，并且进行了实证检验。

第 5 章为 ICT 影响中国劳动生产率增长的实证检验。本章对 2000~2014 年中国总体和全行业的 ICT 资本存量进行核算，并从多个角度统计描述中国的信息化发展和 ICT 资本积累的变化特征。进一步地，从理论模型分析 ICT 资本投入对中国生产率增长的影响，特别是在模型中考虑了 ICT 资本的内在结构变动。在此基础上，运用动态面板模型对理论模型结论进行实证检验，并且研究了 ICT 对生产率增长的影响在不同时段、不同产业、不同特征行业等方面的异质性。

第 6 章为实证分析 ICT 对中国工业碳强度的影响。工业的二氧化碳排放量占中国二氧化碳排放总量的 70% 左右，因此，本章选择工业行业为研究对象检验 ICT 推动高质量增长的绿色路径，并且从 TFP - Malmquist 增长指数构成的角度探究 ICT 投资影响工业碳强度的可能渠道。本章构建了双向固定效应模型进行实证估计，考虑到工业行业在要素构成、技术特征等方面存在较大差异，ICT 资本投入与碳强度之间可能存在非线性关系。因此，本章选择 ICT 资本内部结构、内部研发水平和外商投资水平作为门槛变量，进一步考察行业的具体特征对 ICT 资本影响碳强度的作用程度。

第 7 章为研究结论与对策建议。依据本研究的思路框架，对各章的研究内容和主要结论进行归纳与总结，并在此基础上提出相应的有针对性的政策建议。

1.5 可能的创新点

在已有研究的基础上，本研究可能的创新点主要包括以下三个方面：

第一，本研究明确界定了经济高质量增长的内涵和特征。从现有文献看，经济高质量增长这一概念在相关研究中有所使用，但对其内涵缺乏详细界定和具体分析。本研究结合经济增长理论、经济发展理论以及中国经济实践的现实背景，对经济高质量增长的定义进行了明确界定，创新性地指出高质量增长是在稳定的经济增长基础上，实现科技创新驱动、供给质量提升、全面均衡协调和可持续发展的经济增长高级状态。因此，对经济高质量增长内涵的全面分析不仅弥补了现有文献的不足,同时也为中国高质量发展阶段的经济增长质量研究奠定理论基础。

第二,本研究拓展了相关文献的研究视角。一方面,关于ICT增长效应的既有研究大多集中在经济总量增长或生产力增长的数量层面,本书将研究视角转向经济增长的质量层面,将生产要素投入和技术创新驱动纳入到同一分析框架,为该主题的研究提供了更全面的研究视角。另一方面,本研究着眼于不同层面的高质量增长的实现路径,分别探究ICT影响经济高质量增长的不同路径和作用机制,弥补了既有研究在ICT发展背景下分析技术进步影响经济高质量增长的不足,拓展了技术创新驱动高质量增长的研究问题。

第三,本研究构建了ICT影响高质量增长的系统性理论分析框架。对于高质量增长的内涵,本研究从增长动能、增长过程和增长目标三个层面进行了系统的概括和论述,并且从微观技术进步、产业体系发展、外部制度因素等多个层次分析了促进高质量增长的主要因素;另外,本研究结合ICT的特征和创新机制,从技术应用层面、产业带动层面和社会发展层面系统探究了ICT对高质量增长的创新扩散机制;进一步地,在ICT推动高质量增长的路径实现方面,本研究延续了系统分析的思路,并且结合高质量增长的内涵和ICT的创新作用,从微观企业应用层面的创新驱动路径、宏观表现结果的效率提升路径和经济环境层面的可持续发展路径展开系统的分析。

第 2 章

文献综述

2.1 经济高质量增长相关研究

2.1.1 经济高质量增长的内涵

经济高质量增长的内涵实质上是对经济增长的质量水平进行判断,随着社会的不断进步和发展,经济高质量增长的定义也在变化。因此,学者们对于经济高质量增长的基本内涵也尚未达成一致。前苏联经济学家卡马耶夫最先提出了"经济增长质量"的概念,从经济增长质量的评价指标、影响因素、实现策略等方面进行了一系列完整的论述,并认为较高水平的要素使用效率即为高质量的经济增长(卡马耶夫,1983)。后续的很多研究延续了卡马耶夫的核心观点,也从生产效率的角度定义经济高质量增长(郭克莎,1996;王积业,2000;刘亚建,2002;郭庆旺和贾俊雪,2005;俞安军等,2007;洪银兴,2010)。

另外,较为流行的观点从更宽泛的角度和更丰富的维度来界定经济高质量增长,但由于关注的侧重点不同,具体的阐释有一定的差异。本研究主要从两个视角进行梳理,第一种视角是从经济、社会与环境的品质优劣来界定经济的高质量增长。世界银行发布的《增长的质量》研究报告中提出,在总量资源一定的条件下,从自然资本、人力资本、物质资本中获得最大收益就可带来高质量的经济增长,并从人类发展、收入增长、环境可持续3个方面构建了评价指标体系(托马斯等,2001)。Barro(2002)也认为,高质量增长应该包含受教育水平、预期寿命、收入分配以及法律与社会秩序发展程度等方面。Tridico（2011）指出，经济高质量增长是一种可持续的增长，能够增加就业、提高生活水平和减少贫困，能够提升更大范围的公平和机会平等，尊重人们的自由。国内的部分研究也从这一视角给出了类似的经济高质量增长的内涵（彭德芬，2002；戴武堂，2003；刘海英和张纯洪，2006；任保平，2012）。

第二种视角是从经济增长的方式、过程和结果界定经济高质量增长。肖红叶和李腊生（1998）认为，高质量的经济增长应具备四个特征，包括集约型经济增长方式，增长过程的稳定性、协调性和持续性，经济社会效益显著提高的增长结果，经济增长潜能的不断增强。傅家骥等（1994）从来源、效果和持久增长力3个层面阐述了高质量增长的表现，即技术进步的贡献增大、居民所得的福利增加、经济保持持久的增长力。随洪光（2013）则将高质量增长视为在高效率模式下稳定、持续的增长。Xia（2011）提出，质量型增长包括平衡性增长、包容性增长、可持续性增长、创新性增长和稳定性增长5大支柱。随洪光和刘廷华（2014）认为，增长质量的高低主要体现在经济增长的效率、经济增长的稳定性和经济增长的持续性。郝颖等（2014）提出，经济增长的结构优化、效率提升和自然环境成本等方面共同决定了经济增长质量的高低。

2.1.2 经济高质量增长的测度

经济高质量增长的测度方法主要取决于其定义，因此，存在两种测量思路与狭义和广义的经济高质量增长定义相对应，一种是用全要素生产率进行衡量，另一种则是构建综合指标评价经济高质量增长。

狭义的经济高质量增长主要运用全要素生产率作为测量指标（丹尼森，1985；钞小静和任保平，2008；高新才和李俊衡，2011；郭峰等，2013；楚尔鸣和马永军，2014）。全要素生产率的计算在经济增长研究中应用丰富，在高质量增长的相关文献中，索洛残差法、随机前沿分析法、数据包络法的使用较为广泛。刘亚军和倪树高（2006）在考察浙江省的经济增长质量时以全要素生产率作为衡量指标，并构建索罗模型对全要素生产率进行测算。许恒周等

(2014) 开展的宏观研究中采用了索罗残差法估计全要素生产率,以此衡量经济增长质量。高艳红等(2015)和何强(2014)采用随机前沿分析法,构建随机前沿面板模型估计了全要素生产率的大小。刘文革等(2014)基于数据包络方法,以 Malmquist 指数衡量的全要素生产率示经济增长质量水平。李平等(2017)、蔡跃洲和陈楠(2019)的研究均测算了全要素生产率增长的贡献来衡量中国的高质量增长水平。但是,也有文献指出用全要素生产率衡量高质量增长存在一定的局限性。康梅(2006)提出,技术进步特别是技术引进会直接体现在生产资料中,因此用全要素生产率测度高质量增长会忽略要素技术进步的贡献,从而无法体现经济增长质量的真实水平。郑玉歆(2007)认为,全要素生产率评价经济增长质量的缺陷在于没有考虑要素的长期影响和数据的局限性,可能会产生较大的偏差;此外,资源配置效率也能够影响经济增长质量,而全要素生产率的增长并不能保证资源的有效配置。

如果从广义的定义来看,经济高质量增长的衡量则是通过构建综合指标或建立指标体系进行分析。钟学义等(2001)从经济增长的效率、经济增长的稳定性和健康性、经济结构及其变动这 3 个方面综合衡量高质量增长,其中,经济增长的效率用全要素生产率的贡献率、投入产出率、劳动生产率、能耗指标等反映,经济增长的稳定性用经济波动、通货膨胀、就业状况、环境污染指标等反映,经济结构及其变动的指标包括产业结构、劳动力结构、贸易结构、地区经济结构等。樊元和杨立勋(2002)认为,经济增长的高质量体现为要素质量、结果质量、效果质量和条件质量 4 个方面的内容,同时也从这四个方面综合构建评价指标体系。彭德芬(2002)将高质量增长的综合评价指标体系分为经济运行质量、居民生活质量和生存环境质量 3 个层次,其中包含 70 个评价指标,对中国 1978~1999 年的经济增长质量水平进行分析。李变花(2004)构建的高质量增长综合评价指标体系具体包括经济增长水平指标、经济效益综合指标体系、经济结构指标体系、技术进步指标体系、环境保护指标体系、竞争能力指标体系、人民生活指标体系、经济稳定性指标 8 个方面。马建新和申世军(2007)提出,经济增长质量的内涵体现在经济系统的发展水平、经济效益、增长潜能、稳定性、环境质量成本、竞争能力、人民生活等多个方面,并基于此建立了由 15 个指标构成的评价体系。张家平等(2018)运用了中国社会科学院《中国经济增长报告》中对经济增长质量的评价指标体系，该评价体系从经济增长、经济增长可持续性、政府运行效率和人民生活4个维度进行了指标构建。

2.1.3 经济高质量增长的影响因素

从现有研究来看，学者们较多地考察了人力资本、制度环境、研发投入等因素对经济高质量增长的影响。

从内部因素来看，研发投入、人力资本、居民消费、经济结构等因素能够影响经济高质量增长。戴武堂（2003）提出，劳动生产率、经济效益、就业率、消费水平、消费质量和收入差距是影响经济增长质量的主要因素。刘亚建（2002）认为，科技竞争力对于经济高质量增长具有至关重要的作用，而教育水平是推动科技水平提高的基础，较低的教育投入会抑制经济的高质量增长。洪英芳（2002）和刘海英等（2004）分析了中国的人力资本对经济增长质量的影响，认为人力资本积累是经济增长的最重要的因素之一，也是转变经济增长方式和实现高质量循环增长的根本所在。钞小静和任保平（2011）指出，优化经济结构能够改善福利分配、提高资源配置效率、维护增长稳定，因此推动了经济增长质量的提高。马铁群和史安娜（2012）、董嘉昌和冯涛（2020）分析了金融发展、金融结构对经济增长质量的影响。黄志基和贺灿飞（2013）研究了中国制造业的创新投入对高质量增长的影响，并且以OP法计算的全要素生产率作为高质量增长的衡量，结果表明制造业创新投入的总量和强度的提高都有利于城市的高质量增长。刘文革等（2014）以数据包络法计算的全要素生产率衡量高质量增长水平，并且分析了金融发展对高质量增长的影响，发现金融发展有利于经济增长质量的提高。罗连发（2014）从产品质量角度对比分析了国内外山区经济发展的差异，认为产品质量是导致经济增长质量存在差异的关键因素。钞小静和任保平（2014）认为，城乡收入差距能够通过经济增长的基础、过程和结果同时影响经济增长质量。张家平等（2018）检验了居民消费对中国经济增长质量的影响，发现提高居民消费能够发挥积极作用，但是居民消费对经济增长质量的影响存在显著的信息化水平双门槛效应。

从外部因素来看，资源环境、制度环境、外商直接投资（FDI）等因素也能够对经济高质量增长产生重要影响。沈坤荣和傅元海（2010）探讨了FDI的溢出效应对内资经济增长质量的影响，发现外资企业的技术扩散具有积极作用，并且只有当FDI的参与度达到一定水平时，FDI的溢出效应才有利于经济高质量增长。毛其淋（2012）实证检验了出口和区际开放对于提高经济增长质量的作用，发现出口质量的提高和区际开放程度的加深有助于经济增长质量的提升。随洪光和刘廷华（2014）从经济增长的稳定性、可持续性和增长效率定义高质量增长，实证检验发现FDI能够通过提高经济增长效率和经济增长的可持续性，从而促进东道国的经济增长质量提升。钞小静和任保平（2012）认为，资源环境的改善能够影响经济的高质量增长。吴传清（2013）提出制度的需求与供给是影响区域经济高质量增长的重要因素之一，并且最重要的制度安排在于绩效考核制度、资源环境制度和循环、低碳经济制度。李强和魏巍（2015）的研究也讨论了制度变迁对经济高质量增长的影响机制，并基于1997~2010年中国分省的数据进行了检验。

2.2 信息通信技术的经济影响研究

2.2.1 信息通信技术对生产率的影响

早期研究表明，ICT对生产率的积极作用并不明显，这一现象被称为"生产率悖论"（Solow，1987）。从企业层面的研究来看，ICT与生产率之间存在负相关或不存在显著关系（Loveman，1994；Berndt and Morrison，1995）。与企业层面的研究一样，早期对于总量层面的研究同样没有发现ICT对生产率增长的显著影响（Roach，1991；Oliner et al.，1994；Jorgenson and Stiroh，1995）。与总量和企业层面的研究不同，基于行业层面的文献发现ICT对行业生产率增长具有显著影响（Steindel，1992；Lichtenberg，1995；Brynjolfsson and Hitt，1995）。根据Stiroh（2002）的说法，这是由于ICT密集度较高的行业和ICT密集度较低的行业在总体水平上产生聚集，因此ICT对生产率的影响在总体上无法观察。这一论断得到了实证研究的检验,当行业进行分类时,ICT 对生产率的增长具有显著的积极影响(McGuckin and Stiroh, 2001; Engelbrecht and Xayavong, 2006; Abri and Mahmoudzadeh, 2015; Niebel, O'Mahony and Saam, 2016)。对于"生产率悖论"存在的原因,学者们提出了"滞后效应"(David, 1990)、"资本存量不足"(Oliner and Sichel, 1994)、"测量偏误"(Brynjolfsson, 1993)、"替代效应"(Jorgenson and Stiroh, 1999)和"调整成本"(Hobijn and Jovanovic, 2001)等多种解释。

2000 年之后,大多数研究均发现 ICT 对生产率增长做出了重要贡献。美国学者的研究表明 ICT 对美国"新经济"的生产率复苏具有显著的积极作用(Jorgenson and Stiroh, 1999; Jorgenson, 2001; Oliner and Sichel, 2000; Byrne et al., 2013)。此外,ICT 对生产率增长的贡献也存在于新加坡(Vu, 2013)、澳大利亚(Shahiduzzaman and Alam, 2014)、日本(Fueki and Kawamoto, 2009)、印度(Erumban and Das, 2015)、南非(Lefophane and Kalaba, 2020)等国家。但是也有一些研究发现,ICT 对生产率的贡献在不同经济体之间存在较大差异,对于发达国家和亚洲新兴经济体,ICT 的贡献更为显著(Dewan and Kraemer, 2000; Lee et al., 2005; Jorgenson and Vu, 2005; APO, 2014),这主要是基础设施、人力资本、制度环境和组织管理等方面的差异导致(Ark, 2002; Dewan and Kraemer, 2000; 张之光和蔡建峰, 2012)。

此外,研究表明 ICT 对中国的生产率改进也发挥了一定的积极作用。孙琳琳等(2012)的研究发现,信息化对中国经济增长的贡献主要体现于 ICT 资本深化以及 ICT 制造业的全要素生产率(TFP)改进,而 ICT 资本的使用还未显著地促进 ICT 应用行业 TFP 的增长。杨晓维和何昉(2015)在计算生产性资本存量基础上,通过增长核算方法测算了 ICT 在中国经济产出和 TFP 增长中的贡献,结果显示 ICT 整体对中国经济产出和 TFP 增长的贡献持续上升,且主要归因于硬件投资。蔡跃洲和张钧南(2015)从替代效应与渗透效应两个角度分析了 ICT 对 TFP 的提升作用,结果表明 ICT 的替代效应日益显著,以及 ICT 与 TFP 改进之间存在双向因果关系。王艾敏(2015)的研究表明,2000~2012 年中国农村地区的信息化不存在"生产率悖论"。Kumar、Stauvermann 和 Samitas(2016)运用互联网、固定宽带、移动蜂窝网络、高科技出口、电信技术 5 个指标综合衡量 ICT 水平，结果发现移动蜂窝网络、电信技术作为主要的技术驱动力与生产率之间存在双向因果关系。

2.2.2 信息通信技术对产业结构的影响

关于 ICT 对产业结构升级的影响，国内学者展开了丰富的研究，其中大多数为理论研究，实证研究相对较少。从理论研究的结果来看，信息化发展与中国的产业结构升级之间存在紧密联系，信息化发展的同时能够引导传统产业进行升级改造，而产业结构升级的过程也对信息化发展具有推动力（郑英隆，2001；李继文，2001；朱春红，2005）。信息化对产业结构的影响通常伴随着 ICT 向其他产业渗透和扩散的过程：信息产业逐步成为主导产业从而引发产业结构变革；传统产业基于 ICT 的改造使得整体产业结构趋于信息化；ICT 的普遍应用改变了生产要素投入比例、生产组织方式、经营模式等，从而引起经济结构比例的调整（王宏伟，2009）。从三次产业来看，信息化有利于提高第一产业的劳动生产率，促进第二产业的结构升级，加快第三产业的创新发展（刘克逸，2003）；同时，信息化使得第一产业释放出大量的剩余劳动力，而第二产业不再是劳动密集型产业，第三产业吸纳劳动力的能力也不断降低，这将推动中国产业结构与劳动力结构的跨越式变迁（尹海洁，2002）。从城乡结构来看，ICT 通过改造城市制造业、发展现代城市服务业、渗透农村产业发展、推动城乡产业信息化管理等方面实现城乡产业结构的升级（刘美平，2002）。

从实证研究的结果来看，大部分研究均证实了 ICT 的发展有利于中国的产业结构升级。汪斌和余冬筠（2004）分析了 1990~2002 年信息化对中国产业结构变动的影响，发现信息化对第二产业的带动作用较显著，而对第一产业和第三产业带动作用较小。王海潮（2010）构建了 ICT 生产部门、ICT 使用部门和非 ICT 使用部门的三部门经济模型，从劳动力流动的角度指出劳动力从生产率快速增长的 ICT 生产部门不断向生产率较低的其他部门转移能够推动经济结构的优化升级。张敏和马泽昊（2013）从区域层面进行了实证研究，指出信息化在促进农业产业优化、带动工业化发展方面效果显著，但对提高服务业产值、优化第三产业结构的影响并不显著。赵昕和茶洪旺（2015）研究了2002~2013年中国信息化水平与产业结构的相互影响，实证结果表明，信息化指数与产业结构的合理化和高级化之间呈现出明显的正相关关系。茶洪旺和左鹏飞（2017）利用2010~2014年的省级面板数据分析了信息化对中国产业结构升级的影响，并且发现信息化在推动产业结构升级方面具有明显的促进作用。

2.2.3 信息通信技术对能源消耗的影响

关于ICT对能源消耗的影响，一类文献提出ICT能够降低能源消耗。与早期的"生产率悖论"观点不同，有学者认为ICT提高了劳动生产率，智能化生产和供应链重组在一定程度上降低了能源消耗（Berkhout and Hertin，2001）。学者们对这一结论进行了广泛的实证研究，Atkinson和McKay（2007）发现，经济增长的主要驱动力来自经济系统对ICT的采用，这种采用不仅提高了经济生产率和产出，而且提高了能源和其他资源的效率。Erdmann和Hilty（2010）的研究指出，在大多数情况下，ICT可以减少温室气体的排放。Moyer和Hughes（2012）利用国际期货（IF）全面评估了ICT对经济和能源系统的影响，发现互联网技术的普及提高了能源利用效率，降低了能源消耗，并且通过改变生产效率、能源利用强度和可再生能源成本来影响碳排放。Ishida（2015）探讨了欧洲制造企业的ICT投资对用电强度的影响，发现ICT可以显著提高生产过程中的用电效率。

然而，也有学者持不同观点，认为ICT的应用可能会由于"反弹效应"增加能源消耗。Takase和Murota（2004）对比分析了日本和美国的信息化投资对能源消耗的影响，发现日本的信息化投资显著降低了能源消耗，而美国的信息化投资通过收入效应增加了能源消耗。Cho等（2007）检验了ICT投资对工业用电量的影响，结果表明ICT投资减少了一个特定制造业的用电量，对于服务业和大多数制造业，选择成本消耗增加。Sadorsky（2012）研究发现，对于新兴经济体，ICT的使用与电力消耗之间存在显著的正相关关系。Longo和York（2015）基于1990~2010年的面板数据，发现ICT的渗透率与能源消耗正相关。Salahuddin和Alam（2016）利用1985~2012年OECD的面板数据，研究了互联网技术对电力消费的长期和短期影响，结果表明互联网技术的使用增加了用电量，对经济增长起到了短期和长期的促进作用。Afzal 和 Gow（2016）基于 1990~2014 年 11 个新兴国家的数据进行动态面板分析，结果发现 ICT 与能源消耗存在正相关关系。

在 ICT 影响能源消耗的相关机制方面，OECD（2010）详细描述了 ICT 对能源使用影响的两个渠道，直接渠道说明了应用 ICT 设备所消耗的能量，但是 ICT 也可以通过一种"使能效应"的间接渠道影响能源使用，即使用 ICT 能够产生节能潜力，如通过 ICT 控制的过程优化、智能照明或智能加热等过程。GeSI（2008）讨论了另一种间接效应，即替代效应。ICT 的应用取代了物理程序，如通过 ICT 支持的视频会议、电子商务等，该研究还指出，ICT 对发电、工业部门、运输部门和建筑部门的减排潜力相当大，主要的技术解决方案的例子包括使用智能电网、智能建筑、智能电机系统和智能物流系统等。Ren 等（2021）从网络普及、网络基础设施、网络信息资源和网络应用 4 个方面构建了中国互联网发展评价体系，并通过实证检验发现互联网发展与能源消费强度之间存在负相关关系，互联网发展能够通过经济增长、研发投入、人力资本、金融发展等机制促进能源消费强度的加速下降。

2.2.4 信息通信技术对技术创新的影响

关于 ICT 影响技术创新的分析，一些研究从创新投入和创新产出的角度进行了探索。严成樑（2012）指出，互联网能够为个人或企业带来有益于创新的社会资本。杨德明和刘泳文（2018）研究指出，互联网的外部性能够通过增加研发成果的共享人数来降低平均成本，从而鼓励企业提高研发投入水平。Glavas 和 Mathews（2014）通过案例分析发现互联网能够促进企业的创新主动性。Kleis 等（2012）基于美国制造业公司的数据发现信息化投入每增加 10%，能够引发创新产出增加 1.7%。Bygstad 和 Aanby（2010）认为，互联网能够加强组织部门之间的管理效率，从而加速技术知识的交流和扩散。Cui 等（2015）利用中国的企业数据分析得出信息技术能力的提升有助于增强企业组织的开放式创新。Forés 和 Camisón（2016）检验了 ICT 对区域创新能力具有显著的促进作用。王莉娜和张国平（2018）利用世界银行企业调查数据，发现ICT能够从研发投入、产品创新和流程创新等方面促进企业创新。王金杰等（2018）从开放式创新的视角验证了互联网对企业创新产出的正向影响，且对于技术人员与研发资金具有积极的调节效应。张骞和吴晓飞（2018）基于2003~2015年中国分省数据，发现信息化增强了区域的创新水平。沈国兵和袁征宇（2020）构建模型进行分析，发现企业进行互联网转型能够有效提升创新能力。

从创新效率的角度，较多文献证实了ICT的积极作用。Kafouros（2006）从理论和实证层面指出互联网与公司的研发效率具有正相关关系。毕克新等（2012）研究采用实证方法检验了信息化与工艺创新绩效之间存在的正向关系。惠宁和刘鑫鑫（2017）以新产品产值作为创新效率的指标，发现在区域层面信息化改进了工业部门的创新效率。韩先锋等（2014）发现信息化能够有效推动中国工业部门的创新效率，但是技术创新效率随着信息化水平的提高呈现倒"U"形的特征。同时，韩先锋等（2019）也指出互联网水平的提高能够促进中国的区域创新效率水平，且表现出"边际效应"递增的非线性特征。吴穹等（2018）构建了包含劳动力部门和教育部门的动态随机一般均衡模型，并且基于国际NRI网络指标得出了区域信息化水平与工业技术创新效率之间存在正相关关系。

2.3 文献述评

本章对经济高质量增长和信息通信技术的相关文献进行了梳理，奠定了本书的研究基础。对于经济高质量增长的定义、测量和影响因素3个方面的文献整理，为本书分析中国经济高质量增长的内涵和特征提供了文献依据。进一步地，通过对ICT影响生产率、产业结构、能源消耗、技术创新等决定经济高质量增长的重要因素的研究进行梳理，为本研究后续的理论机制分析和实证方法检验提供了参考和借鉴。与此同时，文献中存在的局限和不足也为本研究提供了指引。

具体来看,现有研究在以下 3 个方面还有待进一步完善:

第一,大多数文献均指出经济高质量增长的内涵不是一成不变的,而是会随着社会的进步和发展发生动态变化。但是就目前关于经济高质量增长的研究来看,中国经济在新时代和新阶段的高质量增长内涵缺乏全面的论述和分析,这对中国经济增长的深入研究形成阻碍。因此,总结和概括具有中国特色和时代背景的经济高质量增长的内涵、特征以及实现路径等是当前的中国经济增长需要关注的重点内容。

第二,现有文献与决策层表述均表明,作为新一代的通用目的技术,ICT 的创新驱动力是推动经济高质量增长的核心所在。然而,现有研究更多的是从定量的角度,运用实证方法对 ICT 的经济增长效应和贡献进行量化分析和测算,而较少基于 ICT 具有的技术属性和技术规律去分析其对经济高质量增长内在创新驱动机理。因此,深入剖析 ICT 的创新驱动机制有助于更好地发挥 ICT 作为高质量增长新动能的积极作用。

第三,大多数研究肯定了 ICT 对生产率改进、产业结构优化、技术创新溢出等方面的积极作用,但更多的是从国家宏观层面、行业或省份的中观层面展开讨论,缺乏从不同层面和不同维度构造 ICT 影响经济高质量增长的作用机制和实现路径。特别是对于微观层面的研究较为单薄,由于 ICT 的普遍应用对人们的生产和生活方式带来巨大的变化,而微观个体是宏观经济增长和发展的最小单位和基础力量。因此,在层层深入、系统分析 ICT 影响高质量增长的不同实现路径和作用机制差异方面,还存在一定的探究空间。

第 3 章

信息通信技术驱动经济高质量增长的理论分析与路径实现

3.1 经济高质量增长的理论内涵

3.1.1 经济增长理论

(1) 古典经济增长理论。

关于经济增长问题的研究最早可以追溯到 18 世纪，亚当·斯密在其代表性著作《国民财富的性质及原因的研究》中展开的系统探讨。以斯密、李嘉图和马尔萨斯为代表的古典经济学家是经济增长理论研究的先行者，其中，斯密强调专业化劳动分工对经济增长的重要性，李嘉图认为国际贸易对经济增长的贡献不容小觑，而马尔萨斯则指出人口与经济增长的关系（佘时飞，2009）。在古典经济增长理论中，土地、资本和劳动力被视为影响经济增长的主要因素。19 世纪以前，李嘉图和马尔萨斯等认为，土地是除劳动力以外最重要的生产要素。但是，随着欧洲工业革命兴起，人们逐渐意识到土地存量是固定的，而资本和劳动要素是相对可变的，从而经济学家更加注重资本和劳动要素对经济增长的贡献。但是，斯密的理论中也提到了生产率的重要作用。斯密认为，劳动分工和对外贸易的作用最终还是体现在劳动生产率的提高，分工能够优化资源配置，从而提高劳动生产率来促进经济增长，而对外贸易不仅有利于国际分工，也能够使剩余产品实现其价值，从而不仅可以促进商品生产，也可以增进消费者的利益。此外，斯密也注意到技术进步对经济增长的促进作用。他将技术进步理解为持续的社会分工和简化劳动、缩减劳动的手段,即使在要素投入量不变的情况下,技术进步引起的资源合理配置,也能提高劳动生产率,从而增加产出。

(2) 马克思经济增长理论。

马克思经济增长理论的核心内容是马克思的社会资本再生产理论,而物质资料的再生产和生产关系的再生产是社会再生产不可分割的两个方面。其中,物质资料的生产和再生产是人类社会存在和发展的基础,也与生产关系的扩大再生产紧密联系。由于资本积累,或由于改进技术和设备,物质资料的再生产规模不断扩大,由此也会引起生产关系再生产规模的扩大。从物质内容上看,生产规模的扩大表现为生产资料、劳动力、产品的数量增加;从社会内容上看,人们所从事的生产活动需要基于一定的社会关系,由于物质资料再生产规模的扩大和生产效率的提高,人们在生产中形成的相互关系包括生产、交换、分配、消费等也必然扩大,并且变得更为复杂。但是,生产关系的扩大再生产由市场发展的内在要求决定,因此,协调发展的生产关系也会反过来促进物质资料的扩大再生产,特别是内涵型生产关系的扩大再生产,体现了生产关系发展程度的提高。在这个过程中,生产关系各个方面的结构更加合理,运转更加协调,也更能适应生产力的发展。除此之外,马克思在论述中还指出了"粗放式(外延型)"和"集约式(内涵型)"两种扩大再生产的方式,并且从商品经济角度分析了经济增长方式从粗放型向集约型转变的机制。

(3) 新古典经济增长理论。

19世纪下半叶,以"边际分析"为特征的新古典经济学兴起,而美国经济学家Solow是新古典经济增长理论的代表。Solow突破了古典经济增长理论中长期流行的"储蓄转化为投资是经济增长的决定性因素"的观点,首次提出"技术进步对经济增长具有重要贡献"的重要观点(Solow,1956),并且将技术进步区别于其他投入要素引入理论模型,运用增长要素分析法将劳动力、资本与技术进步综合起来考察。通过建立增长模型并结合1909~1949年美国私营非农业企业的数据测算,Solow(1957)发现,人均产出的增长仅有12.5%归因于资本投入的增加,而87.5%未得到解释的部分被归因于技术进步,这一结论引起了人们对技术进步的广泛关注。实际上,技术进步引起的人均产出增加即是经济增长质量的提高部分,技术进步对人均产出贡献程度越大,经济增长质量的水平也越高。但是,新古典经济增长理论将技术进步视为一个外生变量,即无法对技术进步的来源和影响机制做出进一步的解释,并且在没有技术进步的情况下预测的长期增长率为零并不符合现实经验。Solow 增长模型推导出该结论的根源在于资本边际报酬递减的前提假设,因此,只有延缓或阻止资本边际报酬递减,才能使得经济在缺乏外生技术进步的长期增长率不为零。

(4)内生经济增长理论。

内生经济增长理论在新古典增长理论的基础上进行了拓展,其根本思想是实现规模收益递增,侧重于分析技术进步的内生机制,强调经济的持续增长是源于经济系统内部的力量。总体来看,内生增长理论中提出的技术进步内生化指标包括人力资本、产品种类、产品质量等,这些指标均反映了经济增长过程中的经济效率。内生增长的思想最早出现在 Arrow 的"干中学"模型中,Arrow(1962)假定资本积累的副产品是技术进步或生产率的提高,厂商不仅可以通过投资积累经验来提高生产率,而且其他厂商也可以通过"学习"过程提高生产率。基于此,Arrow 推导出规模收益递增的生产函数,并且发现生产规模收益的递增是由非要素投入引起的效率提高。也就是说,投入要素本身质量和要素组合质量的提高使产出效率得到提高,这涉及经济增长的质量。此外,Uzawa(1965)最早将人力资本与经济增长的质量联系起来,用人力资本的提高表示技术进步,实际上是劳动力投入质量提高的结果。正式的内生增长理论出现的标志为 Romer 和 Lucas 的相关研究,Romer(1986)将知识积累作为技术进步的重要因素,知识的溢出效应能够实现规模收益的递增;Lucas(1988)模型则是通过引入人力资本的外部效应,将人力资本内生化。随后的内生增长理论研究,诸如 Romer(1990)的产品多样性模型、Aghion 和 Howitt(1992)、Grossman 和 Helpman(1991)提出的产品质量改进模型等均是通过各种形式将知识或技术作为一个独立的、内生的变量纳入经济增长的分析,从不同角度解释了技术进步推动持续增长的内在机制。

3.1.2　经济增长与经济发展

（1）发展中国家的经济增长。

第二次世界大战之后，世界殖民体系趋于瓦解，广大殖民地和附属国纷纷走向政治独立，世界上出现了众多的发展中国家。总体来看，贫困和落后是发展中国家的普遍现象，资本积累较差、技术水平落后、人口增长较快、人力资本偏低，以及对农业生产和初级产品的高度依赖是发展中国家的共同特征。因此，经典的西方经济增长理论并不适用于发展中国家的情况，无法指导发展中国家解决经济增长和发展过程中亟须解决的问题。由于原有的社会经济特征基本相似，殖民地经济烙印大致相同，所处国际环境无大差异，因此，发展中国家在经济发展过程中必然面临很多共同的问题和类似的经验。在此背景下，20世纪40年代末，现代的经济发展理论逐渐形成一门学科，即以发展中国家的经济发展问题为研究对象的发展经济学。

发展经济学理论对发展中国家的经济发展实践产生了深远影响，同时也引起了经济学家对经济增长和经济发展内涵的思考。发展经济学理论指出，经济增长和经济发展是两个不同的概念，二者之间有联系也有区别。经济增长是指社会财富的增长、生产的增长或产出的增长，用统计指标则可以表示为国内生产总值（GDP）、或国民总收入（GNI）的增长。经济发展是指随着经济增长而发生的社会经济多方面的改善和优化，主要包括：（1）投入结构的变化，即生产要素投入比例是否从手工劳动转向机械化操作，是否从粗放劳动转向使用熟练劳动，是否从落后生产方式转向采用先进技术。（2）产业结构的变化，即在产业比重上表现出农业部门相对缩小，工业部门相较于农业部门扩大的同时又逐渐比服务业部门缩小，而服务业部门则逐渐扩大。（3）国民生活水平和财富分配的变化，表现在人均GDP或人均GNI的提高，以及人均居住条件、人均营养水平的增强，此外，收入分配趋于合理，避免贫富差距不断加大。（4）卫生健康状况的变化，包括预期寿命的长短、婴儿死亡率、人均医疗设备配备情况等方面。（5）文化教育水平的变化，表现在适龄儿童的入学率、成人识字率等。（6）自然环境和生态的变化，即环境污染、生态失衡的状况是否日益改善。

通过了解经济增长和经济发展的内涵，可以看出经济增长是一个数量概念，而经济发展不仅包括数量概念，还包含质量概念、社会事业进步和文明程度提高等多个方面。经济增长更多的是经济发展的动因和手段，而经济发展是经济增长的结果和目标。为了实现经济发展，必须保持稳定持续的经济增长，但值得注意的是，尽管经济增长是经济发展的必要基础和先决条件，但经济增长并不必然带来经济发展。比如，快速增长提高了产值水平，但产品质量低劣甚至存在大量残次品，因此无法匹配市场需求，从而导致产能过剩；再比如，快速增长加剧了贫富差距、城乡差距、环境污染等问题，这些情况均被称为"有增长无发展"。但是，"有发展无增长"同样也是一种短暂的、反常的经济现象，而不是一般的、长期的、正常的发展规律。由此可见，经济增长与经济发展并不是互相矛盾、不可共存的，而是会随着经济社会的发展不断进行融合渗透。在追求经济增长和数量目标的同时，要综合考虑其带来的经济发展效果和社会变化，从多个维度和层面衡量经济增长的效果和发展目标的实现才能更好地推动人类社会的全面进步。

（2）中国经济增长的历史实践。

作为世界上最大的发展中国家，中国的经济增长实践充分体现了从经济增长到经济发展的不断过渡，以及数量目标与质量目标的不断融合。

从人类社会经济发展的规律来看，由传统的农业社会向现代化的工业社会转变是必然趋势。新中国成立后，中国经济水平落后、工业基础薄弱，为了推动工业化的发展进程，中国政府在1952年提出实现工业化的任务，并且实行进口替代战略，以计划经济体制作为配置资源的手段，通过对内实行"工农业剪刀差"、对外实行汇率高估和贸易保护，降低了工业化的成本，初步建立起了较完整的工业体系。改革开放之后，中国的工业化进入第二个阶段。经济体制的改革使得经济主体从被动接受计划转变为自主寻找自身的市场空间和发展领域，"血拼"式竞争、粗放型增长和政府地区竞赛成为中国经济快速增长的显著特点，同时也形成了"高增长低发展""高数量低质量"的局面。但是，几乎任何国家的工业化都经历过粗放式增长的阶段，这是由于在一定的经济技术条件下，粗放式增长可以利用低价格资源获得产品的成本价格优势和工业竞争力，从而提高整体的生产力。

2003年，中国人均GDP突破了1000美元，经济社会和改革发展进入一个关键的发展时期。中国经济在保持良好增长势头的同时，也面临工业化初期的粗放型增长导致的众多经济问题和社会矛盾。在总结国内外经验、结合世界科技进步的新趋势以及中国经济发展的基本国情，2002年，党的十六大报告提出"坚持以信息化带动工业化，以工业化促进信息化，走出一条科技含量高、经济效益好、资源消耗低、环境污染少、人力资源得到充分发挥的新型工业化路子。"新型工业化建设对于实现增长方式的转型，和速度与结构、质量、效益的统一发展具有重要意义，随后，2003年的"科学发展观"进一步拓宽和深化了"三个代表"重要思想，成为引领中国经济社会进步的发展理念。从科学发展观的内涵来看，经济增长不仅应结合增长质量效益，还应尊重社会规律和自然规律，最终实现以人为本，全面、协调、可持续的发展。

从国际环境来看，中国于2001年加入了世界贸易组织（WTO），融入了世界产业链。由于中国具有低廉的劳动力成本、丰富的资源总量、巨大的市场潜力、完善的基础设施、稳定的政治环境、政策的福利待遇等优势，吸收了大量发达国家的劳动密集型、资源消耗型、环境污染型工业，"中国制造"广销世界各地，中国也在2010年成为世界第一大出口国。但是，2008年全球金融危机爆发后，世界经济形势出现严重恶化，而一些发达国家的贸易保护主义抬头也加剧了国际贸易下降和经济下滑，导致中国依靠出口推动经济增长的方式难以为继。除了国际经济与政治环境的变化外，党的十八大以来，中国经济在速度、结构和动力驱动方面都已进入不同以往的"新常态"。面对新的世界格局和国内经济发展的新挑战，2015年，党中央在吸收和继承科学发展观的基础上又提出了"以人民为中心"的创新、协调、绿色、开放、共享的新发展理念，实现了发展观的新发展，也成为新阶段下中国经济提质增效、优化升级的核心指导思想。

3.1.3 经济高质量增长的内涵

（1）经济高质量增长提出的现实动因。

改革开放以来，中国经济总量持续增长，从增长速度来看，1978～2017

年中国GDP的年均增长率高达9.5%,远高于同期世界经济2.9%的水平,创造了经济增长史上的"中国奇迹"。2012年起,中国GDP增速降至8%以下,但始终维持在7%左右波动,稳居世界第二大经济体,并且在2019年实现了人均GDP达1万美元的历史性突破。由此可见,中国经济总量持续增加,经济产能不断扩大,综合国力显著增强。1981年,党的十一届六中全会将中国社会的主要矛盾总结为"人民日益增长的物质文化需要同落后的社会生产之间的矛盾",指出社会供给与需求之间的矛盾主要存在于生产力水平和物质短缺层面,而40年的经济高速增长和生产力显著提高成功解决了"有没有""有多少"的问题。

但是,经济的高速增长也带来了众多不平衡不充分的结构性问题。从需求结构的变化看,随着收入水平的提高,人民群众的需求层次从对物质文化的需要上升为对美好生活的需要,更偏重非物质的消费结构,从而引起了国民经济结构的重大转型。此外,在关注产品和服务质量的同时,人民对美好生活需要逐渐渗透到医疗、教育、法治、环境等多个领域。而从供给侧的变化来看,中国供给体系产能十分强大,但大多数只能满足中低端、低质量、低价格的需求,供给的总量问题转化为供给的结构问题,社会生产不再是为了解决有无的问题,而是要解决"好不好"的问题。因此,2017年,中国共产党十九大报告做出了新的总结,指出新时代下中国社会主要矛盾转变为"人民日益增长的美好生活需要和不平衡不充分的发展之间的矛盾",而中国经济的基本特征表现为"由高速增长阶段转向高质量发展阶段"。

当前,高质量发展已成为中国特色社会主义新时代的发展主题,标志着中国国民经济系统从量到质的本质性转变。但是,从"五位一体"协调发展的要求来看,高质量发展在很多方面并没有完全摒弃数量上的增长,而是相应的对经济增长的质量提出了新要求——高质量增长。质量和数量不是相互对立的,量变是质变的基础,质变是量变累积的结果,因此,高质量发展也是以一定的数量为基础,并且涉及经济增长的全过程:从经济增长的动力来看,高质量发展要求以创新作为核心驱动力,坚持创新驱动、转变动力机制和提高全要素生产率;从经济增长的过程来看,高质量发展要求注重供给侧的结构性改革、经济结构的优化升级、区域发展的均衡和经济运行的稳定;从经济增长的方式来看，高质量发展要求摆脱粗放型、外延式的增长方式，向低能耗、低污染的集约型增长方式转变；从经济增长的结果来看，高质量发展要能够使生产更好地满足人民的实际需求，进而改善整体的福利水平或成果分配。

（2）经济高质量增长的内涵和特征。

尽管高质量增长这一概念已应运而生，但对其缺乏清晰明确的定义，很多学者均对高质量增长的内涵给出了自己的理解。傅家骥等（1994）从净财富增长的来源、效果和新的可能性对高质量增长进行了界定，即技术进步的贡献提高，居民所得的效用和福利增加，经济中保持着持久的增长力。蔡跃洲和陈楠（2019）认为，高质量增长的基本特征是创新驱动和全要素生产率提升。基于新的时代背景和新的发展理念，本研究对高质量增长的定义如下：高质量增长是在稳定的经济增长基础上，实现科技创新驱动、供给质量提升、全面均衡协调和可持续发展的经济增长高级状态。从定义可以看出，高质量增长具有以下4个特征：

①科技创新是高质量增长的核心动能。

改革开放以来，中国经济的高速增长主要由高投入和低成本驱动，但是随着人口红利消退、资源约束趋紧、生产成本上升以及国际竞争力不足等问题的出现，建立在初级生产要素基础上的经济发展模式无法持续。在此背景下，科技创新成为高质量增长的新动能。2006年，中国政府提出了建设创新型国家的重要战略目标。中国经济进入新常态后，中共十八大在坚持经济发展方式转变的同时，明确提出了创新驱动发展战略。随后，创新成为"十三五"时期的新发展理念之首，党的十九大报告也进一步指出："创新是引领发展的第一动力，是建设现代化经济体系的战略支撑。"

历史证明，科技发展是一个国家提高创新水平的关键，只有不断地进行科技创新，才能保持经济增长的生命力并提供新的增长点。对于中国而言，科技创新有助于加速产业升级、抢占发展先机、加强竞争优势，从而实现经济的高质量增长。从国际范围来看，美国、德国、日本等发达国家长期处于国际产业链高端领域，根本原因在于其在关键领域的技术水平和研发能力始终保持世界领先。例如，20世纪末，美国在ICT等相关技术上实现的创新有效引领了二战以来最长的经济繁荣，促进了本土高新技术产业发展，并且在目前依然具有

ICT的全球优势。中国的产业特别是制造业整体当前还处于全球价值链中低端，很多产业大而不强，核心技术积累不足，技术创新与主要发达国家还存在一定的差距，严重制约产业转型升级。此外，科技创新会对经济社会的方方面面产生重要影响，科技革命所创造的物质财富超过人类历史所创造的全部劳动成果。因此，以科技创新为动能的高质量增长不仅能够推动中国产业的转型升级和结构优化，而且是打造国家竞争新优势的关键。

②质量提升为高质量增长的基本手段。

随着中国经济进入新常态，支撑中国经济增长的传统优势正在减弱，要构建品牌影响力、产业向中高端水平迈进、经济保持中高速增长，质量提升极为关键。结合中国当前的社会主要矛盾来看，供给侧的质量改革是高质量增长的基本手段，而产品质量和投入要素质量共同构成了质量提升的两个重要方面。

经济生产的最终目的是满足人的实际生活需要，但是，国民收入水平提高伴随着数量消费向质量消费的过渡，消费升级对产品质量的要求也逐渐增加，中国已经进入质量需求全面升级的新阶段。一般而言，产品质量的含义包括符合性、适用性及满意性。生产的产品不仅要符合一定的生产标准、具有质量可靠性，而且在是否能够满足消费者需求和满意程度等方面对产品质量提出了更高的要求。从更好地满足人民日益增长的美好生活需要的角度来看，产品和服务的质量高低会直接影响人民的消费信心和生活满意程度，而消费在拉动经济增长方面也发挥越来越重要的作用。因此，能否提高中国制造、中国服务、中国建造的供给质量，直接决定了中国经济增长的质量优势能否形成，决定了中国经济能否实现从高速增长转向高质量增长。

在关注产品质量的同时，高质量增长还重视要素投入质量。中国经济发展的一个突出特征是要素的供给质量较差、劳动生产率较低。例如，面对新一轮科技革命和产业变革，以农民工为主体的劳动力供应还难以适应新时代产业工人的素质要求，技术装备的自动化程度难以与智能制造发展态势形成匹配，亟须向数字化、网络化、智能化方向升级。要素供给质量不高对供给体系质量的提升产生制约，导致产品质量水平不高，缺乏高品质和个性化的产品和自主品牌，具有国际竞争力的企业数量偏少，产业层面存在低水平的产能过剩和重复建设问题。如果经济产出不能满足消费升级的要求，那么供给和需求很难在高水平实现动态平衡。因此，不断提升劳动力、资本、能源等生产要素的供给质量，提高生产供给对市场需求的适应性和满足性，是有助于实现经济生产的高质量增长。

③协调统一为高质量增长的内在要求。

高质量增长是在新的发展环境和发展阶段提出的经济增长新要求，会受到国际环境、生产要素、资源环境和制度文化等一系列因素的影响。由于各个行为主体在认知、诉求、利益等方面存在冲突和矛盾，因此会在经济方面表现为产业结构不优化、城乡区域发展不平衡、经济发展和社会发展不同步、人与自然发展不和谐等现象。从经济演化规律来看，不协调、不充分的经济社会发展问题最终会影响经济增长的方向、质量和结果。因此，高质量增长不仅需要实现单一的经济总量和物质财富增长，还要推动经济社会发展的多个方面的协调均衡与全面发展。

协调统一意味着国民经济中的各个产业、部门、地区、城乡、环节、资源环境、国内外等多个方面的互相配合和均衡发展，包括经济、社会、政治、文化、生态在内的各个方面的关系协调和配合推进。只有实现协调统一，才能消除积压、过剩和浪费，又能避免短缺、不足和冲突。因此，协调统一是高质量增长的内在要求。具体而言，首先，产业结构和产业体系的优化调整要与增长阶段具有一致性，在推动工业和服务业发展的同时也要关注农业的发展，在支持世界领先行业的同时也要注重"卡脖子"领域的突破。其次，区域发展和城乡发展需要协调统一、均衡发展，从而缩小人民生活水平在地理位置上存在的显著差距。再次，高质量增长要求效率与福利的动态平衡，通过完善收入分配机制、推进基本公共服务均等化等，实现收入分配合理、社会公平正义和全体人民共同富裕。最后，制度、文化和社会治理的进步要与发展理念、增长目标配合一致，通过改善高质量制度的供给能力、建立优良的质量文化环境以及提高社会综合治理水平，为新阶段的经济发展提供有利的外部条件。

④可持续发展为高质量增长的普遍目标。

在传统的经济增长模式下，为了解决中国的落后生产力和物质数量短缺等问题，经济高速增长引起了资源的巨大消耗和生态环境的不断恶化，工业生产的能源消耗、碳排放量等居全世界第一，加剧了人与自然之间的矛盾。党的十九大报告提出，"必须坚持节约优先、保护优先、自然恢复为主的方针，形成资源节约和保护环境的空间格局、产业结构、生产方式、生活方式"。由此可见，不以牺牲资源和破坏环境为代价的可持续发展是经济高速增长与高质量增长的主要差异，也是高质量增长的普遍目标。

资源环境与经济发展是相辅相成的，自然资源是物质生产活动的必要投入品，而生态环境是经济系统运行的外部基础。从经济增长和社会发展的最终目标来看，经济发展只是过程和手段，其目的是满足人民群众对美好生活的需要，其中包括对高质量的空气、纯净的水、无污染的食品等。但由于资源的稀缺性无法满足人类社会的长期需要，经济要得到可持续发展的前提是有效地利用自然资源，通过技术创新的力量开发新能源和绿色技术，提高绿色发展能力推动可持续增长。在经济高速增长阶段，环保投入被作为成本来考虑，企业为了实现利润最大化则常常压缩环保支出来节约成本。但是高质量增长把生态环境保护作为追求的目标，并将其内化为收益、福利和财富的一部分。具体来说，绿色发展和循环生产是实现可持续发展的有效方式，例如选择可再生资源生产经久耐用的产品，尽可能延长原材料和产品在生产中的使用时间，在产品使用周期结束后对旧产品进行重新分布或再利用，减少生产系统的废弃物排放量和经济对于有限资源的依赖性，从而实现人与自然在更高发展层面的和谐共生。

（3）促进经济高质量增长的主要因素。

①技术进步。

无论从经济理论还是实践经验来看，技术进步均是推动经济社会发展的重要因素。一般而言，技术进步是指通过发明、创新和扩散等经济活动来改进现有的生产方法，使生产效率和经济效益得以提高的过程，在生产函数上表现为等产量曲线的内移，即一定量的投入能够生产更多的产出，或者一定量的产出只需要更少的投入。在人类社会发展的过程中，技术的出现和更替往往是为服务于特定的现实问题，现实驱动始终是技术创新和发展的核心动力。但是，随着社会经济发展阶段的变化，以往的技术进步虽然与现阶段的技术进步在经济学本质上是相同的，但前者并不能够完全满足当下的增长目标和要求。由此可见，技术进步固然能够推动经济增长，但什么样的技术进步能够促进中国经济的高质量增长值得探讨。

首先，与历史上的技术相比，促进高质量增长的技术进步不仅具有提高生产率的直接作用，而且在要素投入和实现手段等方面具有更明显的特征。首先，节约要素使用的技术进步能够推动高质量增长。在工业化的增量式和粗放型发展模式下，物质财富达到了空前的积累水平，厂商的生产规模不断扩大，同时也造成了生产要素的过度集聚，降低了要素本身的利用效率，导致了社会发展的不平衡与不充分。但是，高质量增长阶段的技术进步能够为生产提供新的生产要素，解决物质资源稀缺和使用效率低下的问题，从而支撑供给端的提质增效和增长方式的转变。

其次，在高质量增长阶段，自主创新研发是实现技术进步的重要手段。在开放经济中，技术进步的手段主要包括技术引进、技术扩散和自主研发。对于工业化后发国家来说，技术赶超前期是以技术引进为主，随后有选择性地进行技术研发建立主导产业和优势产业，打破发达国家的技术垄断。但是，技术引进虽然在短期内提高了生产力，但由于缺乏核心技术和创新能力，后发国家处于国际产业链低端，并在国际竞争中容易受制于人。因此，在形成一定的经济基础和经济规模之后，后发国家则需要聚焦战略前沿和制高点领域，通过自主创新突破关键核心技术、增强国际竞争力，从而实现现阶段的重大发展需求。

②产业体系现代化发展。

经济理论表明，发展中国家在不同的经济发展阶段具有不同的产业体系和产业结构特征。在工业化阶段，工业部门的经济比重不断超越农业，成为国民经济发展的主导部门，随着经济逐渐向"后工业化"阶段过渡，高技术产业和服务业日益成为经济发展的主导部门。中国产业体系的变化特征同样呈现出类似的规律。具体来看，改革开放以来逐步形成的、适应高速增长的经济体系是以工业为主导的"传统经济体系"，而进入增速换挡的高质量发展阶段，中国经济结构表现出服务化，"结构性减速"随之发生。因此，产业体系的发展不能只关注三次产业的增长结果，还要考虑产业内部和产业之间的效率、结构、协同发展等，从而在产业层面为高质量增长助力。

首先，从主导产业的维度上，服务业作为现阶段经济体系的主导产业，其自身的发展质量对于高质量增长至关重要。从历史经验来看，欧美发达国家在服务业成为主导产业的同时实现了服务业结构的高级化，形成了"高劳动生产率、高消费能力、高资本深化能力"的服务业效率模式;反观拉美国家的经济服务化则表现为传统服务业和低层次消费结构主导,服务业转型升级路径无法形成,经济增长长期陷于停滞。由此可见,由服务业主导的产业体系要实现增长跨越和对高质量增长的促进作用,则需要推动服务业内部结构的高级化,即推动科学咨询、专业服务、信息软件、教育、医疗、文化等知识密集型和技术密集型服务业的发展。

其次,从主导产业与其他产业相互关联的维度上,在重视服务业的同时还要发挥其对其他产业的融合带动作用,从而推动整个产业体系的协同发展。2008年的全球金融危机表明,经济发展不能过度依靠虚拟经济,还是要打造以先进制造业为代表的实体经济来夯实经济增长的基础。因此,美国的"制造业回归"、德国的"工业4.0"等战略相继提出。当然,制造业的发展并不意味着产业体系重新回到工业化时代,而是要推动知识密集型和技术密集型服务业与实体经济的深度融合,增强现代金融服务实体经济的能力,优化人力资源支撑实体经济的作用,从而有助于工业内部从低端向中高端的转型升级,实现产业之间和产业内部的协同发展和良性循环。

③制度创新。

制度供给的有效性是影响经济社会发展的重要外部因素,随着发展阶段和目标的转变,制度供给也需要结合发展现状进行相应的改革和创新。因此,在高质量增长阶段,促进更有效的宏观调控、更强的社会治理能力和教育文化社会全面进步的制度创新,才有助于经济转型成功和高质量增长。

首先,适度有效的宏观调控能够克服市场的调节失灵,从而推动经济的高质量增长。在完善的市场制度下,市场机制调节是很有效的,但并非在所有领域都能确保"市场最了解",从而表现为"市场最正确"。特别是在面临经济转型阶段的难点、痛点时,市场可能由于内在原因的复杂性和特殊性而具有盲目性,从而导致调节失灵的发生。通常来说,政府的宏观管理主要包括公共财政、货币供给、资源配置3个方面,而健全的国内各方面政策和国际宏观政策的协调机制,有效创新的宏观调控工具,以及法治化和制度化的政府宏观调控体系能够更好地激发市场活力,通过市场机制和政府调控的相互补充实现发展路径的转换和经济的高质量增长。

其次，更强的社会治理能力是促进高质量增长的另一因素。经济增长的高质量是社会高质量和治理高质量的输出，因此，落后的治理能力会限制社会经济发展，而先进的治理能力对经济的高质量增长具有正反馈作用。在新的增长阶段，政府要提供高质量的公共服务与社会保障，矫正环境污染等负外部性的能力，通过制定税收制度和再分配机制促进帕累托改进，提升应对大型公共事件的治理水平。此外，基于以人民为中心的增长目标，国家社会治理要得到广泛阶层的支持和参与，形成经济、社会、制度、文化等多因素共同演化的正反馈机制。

最后，良好的社会文化环境也是影响高质量增长的关键因素。文化环境属于一种非正式制度安排，在人类的行为约束体系中，长期形成的习俗、伦理道德、价值观念、文化传统等在经济社会发展中具有重要地位，即使在最发达的经济体系，人们的大部分行为决策选择也会受非正式制度的约束。因此，高质量增长的目标实现需要弘扬企业家精神、工匠精神和绿色消费意识，营造良好的创新环境和创新氛围，鼓励精益求精、追求卓越，进而提升制造产品的质量意识和品牌建设，积极引导人们树立适度、理性、绿色的消费意识，追求高质量的生活理念和生活标准。

3.2 信息通信技术对经济高质量增长的创新效应

3.2.1 信息革命的时代背景与信息通信技术的定义

（1）信息革命的时代背景。

人类社会经历了农业革命、工业革命，目前，以信息通信技术（ICT）为代表的新一轮科技革命方兴未艾，引领着世界文明进步的潮流，成为创新驱动发展的核心要素。科技革命通常代表着新的生产力和新的发展方向，能够大幅提升人类认识世界、改造世界的能力，深入改变人们的生产生活方式，带来生产力和生产关系的重大变革。面对新一轮科技革命的新挑战，世界各国高度重视发展大数据和数字经济，以美国、欧盟、日本、俄罗斯等为代表的发达国家相继制定了数字经济发展战略，中国政府也将数字经济作为国家战略发展的重要内容，先后出台十余项政策促进相关行业的健康发展。

近十年来，中国经济正在迅速向信息化、数字化、智能化方向迈进。根据中国信通院发布的《中国数字经济发展白皮书（2021）》的统计，中国数字经济规模连续多年位居世界第二，在2020年达到39.2万亿元，占GDP比重为38.6%；数字基础设施全球领先，建成全球最大的光纤网络，截至2021年11月，已开通5G基站139.6万个，占全球5G基站总数超过70%；数字市场规模巨大，网民数量全球最多，有11.4亿移动互联网月活用户，同时人均网络使用时间排在全球前列。从相关产业的发展来看，工业和信息化部数据显示，2021年，以互联网平台企业为核心的规模以上互联网和相关服务企业完成业务收入15500亿元，同比增长21.2%。根据《"十四五"数字经济发展规划》，中国数字产业化部分的增加值占GDP比重将由2020年的7.8%提升至2025年的10%，以ICT为核心支撑的数字经济发展将成为中国国民经济的重要组成部分和增长动力。

（2）信息通信技术的定义。

从表面上看，信息通信技术包含信息技术（Information Technology，IT）和通信技术（Communication Technology，CT），IT和CT的融合发展共同构成了ICT的内涵。

由于国际上对ICT没有统一的界定标准，各个国家、部门和相关研究对ICT定义的表述较为丰富，也常常出现用IT替代ICT的表达，但其核心特征基本是一致的。美国通常用IT进行表述，美国经济分析局（BEA）将其定义为信息处理设备（Information Processing Equipment），主要包括计算机、通信设备、科学仪器、复印机等设备，以及软件和相关服务。OECD（2009）将ICT定义为通过电子传输和电子显示等方式实现信息处理和通信功能的产品和服务。中国对ICT的界定暂时没有统一标准，国家统计局2004年发布的《统计上划分信息相关产业暂行规定》将其定义为"与电子信息相关联的各种活动的集合"。

参考ICT的不同定义，本研究提出，ICT是指通过电子方式生产、获取、存储、处理、传输信息的技术，主要包括计算机、通信设备与软件服务等。根据产品的物理属性，ICT 可以分为以计算机和通信设备为核心的硬件和以软件服务为核心的软件两大部分，这种分类在相关研究和分析中得到了广泛应用。相应的，ICT 产业也主要包括生产硬件的 ICT 制造业和生产软件的 ICT 服务业。根据中国国民经济行业分类标准（GB/T 4754—2017），ICT 制造业和 ICT 服务业分别为计算机、通信和其他电子设备制造业（代码为 C39）以及信息传输、软件和信息技术服务业（代码为 I）。

信息通信技术的诞生标志是晶体管的发明，晶体管是一种作为电子开关使用的半导体器件，以二进制形式对信息进行编码，实现了信息电子化。由半导体锗制成的第一个晶体管于 1947 年在贝尔实验室被发明制造出来，三位发明者因此获得了 1956 年的诺贝尔物理学奖。ICT 发展的第二个重要里程碑是 20 世纪 50 年代末发明的集成电路。集成电路由多个晶体管组成，这些晶体管以二进制形式存储和处理数据。集成电路最初是为数据存储和数据检索而开发，因此，半导体存储设备被称为存储芯片。2000 年，集成电路的发明者之一也因此获得了诺贝尔物理学奖。此后，ICT 革命的核心——半导体技术的快速进步成为 ICT 革命的驱动力，中央处理器、个人电脑、互联网和移动技术的出现进一步加速了革命的全球化步伐，推动了 ICT 在世界范围内的传播和应用。

近年来，以物联网、人工智能、大数据、云计算等为代表的新一代信息通信技术开拓了信息革命的新阶段，创造了新的生产要素和经济形态，进一步推动生产方式、生活方式和治理方式的深刻变革。数字经济是继农业经济、工业经济之后的主要经济形态，是以数据资源为关键要素，以现代信息网络为主要载体，以信息通信技术融合应用、全要素数字化转型为重要推动力，促进公平与效率更加统一的新经济形态。数据是客观存在的，但是，新一代信息通信技术增强了数据的资源属性，使其成为与土地、劳动力、资本、技术并列的五大生产要素之一。与传统要素不同的是，信息通信技术与经济社会的广泛融合引发了数据爆发式增长，源源不断的知识和信息从海量数据中提取和挖掘出来，数据要素成为数字经济时代的重要资源，也是推动社会变革和创新发展的基本力量。

3.2.2 信息通信技术的特征

与其他技术比较，信息通信技术（ICT）具有可数据化、创新再使用和可扩展重组的显著特征。

(1) 可数据化。

"数据"(data)一词在拉丁文里表示为"已知"的意思,也可以理解为"事实"。如今,数据代表对某件事物的描述和记录,以便于人们更好地理解和分析不同事物。随着ICT的发展,文字、图像、视频和音乐等内容均可以被转化成计算机可识别、可处理的二进制码,即实现了数字化过程。但是,数字化和数据化有本质上的不同,数字化带来了数据化,但是数字化无法取代数据化。比如,谷歌公司在2004年将所有版权允许的书籍资料进行扫描和储存,书本上的内容则转化成了网络上的数字文本,可以让所有人通过网络进行免费阅读。然而,用户需要知道自己搜索的内容具体在哪本书上,未被数据化的数字文本不能通过搜索词进行检索,也不能被分析,谷歌所拥有的只是一些数字化图像,这些图像需要依靠人的阅读才能转化为有用的信息。随后,谷歌使用了能够识别数字图像的软件来识别文本的字词句等内容,从而将其转化成计算机可以处理和分析的数据化文本。由此可见,数字化仅仅改变了记录和存储信息的传统物理形态,但可数据化使更多领域、更大规模地深度挖掘数据信息和附加价值成为可能。

(2) 创新再使用。

ICT的可数据化特征提供了丰富的数据资源,但不同于物质实物,数据的价值不会随着使用而减少,而是可以不断地被创新再使用,个人的使用不会妨碍其他人的使用,这即为"非竞争性"的好处。另外,数据不会由于重复使用而产生折旧,被多次使用的数据仍然可以提供信息和价值。事实上,数据的基本用途是为信息的收集和处理提供依据,通常是为了某个特定的目标而被收集,因此,大部分数据的直接价值对于收集者而言是显而易见的。但是,数据本身的价值并不仅限于特定的用途,其可以为了同一目标被多次使用,也可以为了其他目的进行创新再使用。例如搜索关键词,消费者和搜索引擎之间的瞬时交互实现了当时的特定功能,搜索数据在实现了基本用途后似乎变得一文不值。但是,历史搜索记录仍然可以提供价值,对于搜索引擎公司来说,大量的搜索记录可以用于其他多方面的研究;电商销售平台公司可以根据搜索数据流量分析判断消费者未来的偏好;互联网和数据科技公司基于大量的数据基础和领先的分析能力获利，在利用海量数据方面走在了前沿；而对于那些收集或控制着大型数据集但目前使用较少的传统企业而言，数据的创新再利用价值为进一步发展提供了机会。

（3）可扩展重组。

在信息革命之前，数据和信息可以依靠传统方式进行记录和运用，但由于在获取、存储和分析能力等方面存在局限，可供使用的数据规模较小，从而限制了数据的应用范围和价值体现。随着ICT相关技术的进步，事物测量和数据记录等繁荣发展，数据的规模得到了大幅提升，大数据的出现表明数据的总和比部分数据更有价值。当多个数据集扩展重组在一起时，重组总和本身的价值比单个数据集更大，也更能提供多维丰富的信息。当前，互联网用户熟悉的基础混搭式应用即是将两个或多个数据源以一种新的方法结合起来，以实现新的功能和目的。例如，美国房地产网站Zillow将房地产信息和价格添加在美国的社区地图上，同时还组合了其他大量的信息，如社区近期的交易和物业规格，以此来预测区域内具体每套住宅的价值。此外，判断数据的潜在价值需要考虑其未来可能的用途和使用方式，而不仅仅是考虑其当前的作用。由于记录方式和分析工具在技术上具有高度的一致性，扩展和融合不同数据流或每个数据流中不同的数据点的额外成本往往较低，这为数据未来的创新重组和二次使用提供了便利。

3.2.3 信息通信技术的创新扩散机制

从技术特征来看，信息通信技术（ICT）与引领第一次工业革命的蒸汽机技术和引领第二次工业革命的电力技术存在很大差别，在很多方面均实现了首次的技术突破和显著的生产变革。与此同时，由于技术的创新效应通常与技术的特征紧密联系，因此，本研究基于ICT的特征分析，进一步探究ICT的创新扩散机制。

（1）技术应用层面：自身发展加速和创新成本降低。

首先，由于ICT遵从摩尔定律，使其具有加速发展效应。摩尔定律指出芯片的容量翻一番仅需要18~24个月，即芯片的性能以每年35%~45%的增长率指数化增长。摩尔定律高度准确地预测了ICT的发展趋势,揭示了信息产业持续变革的根本原因——ICT的加速更新升级。这意味着,刚上市的新技术产品可能还没有实现成本优化和大规模盈利,便已陷入被淘汰的尴尬境地。因此,为了提高市场竞争力,企业必须加速ICT的创新研发,不断缩减ICT的创新发展周期。此外,在大多数情况下,ICT产品和应用能够以测试版的初级形式推向市场,在一种渐进式体验的使用过程中持续完善,这种方式也有助于ICT自身的加速发展。

其次,ICT的创新过程具有经济性,这有助于降低技术创新的成本。摩尔定律指出,芯片的快速更新同时伴随着价格的大幅下降,从而导致ICT的使用成本迅速缩减,这为ICT的广泛应用和替代奠定了成本优势。加之,ICT的可数据化特征使得与生产相关的内容都能转化成数据的形式,这在很大程度上摆脱了对物质资本的依赖,所有信息能被详细记录到一个特殊的空间,生产者不需要投入更多的人力和物力,在这个空间就可以完成创新产品的测试和改进。这种ICT的创新过程降低了信息成本和试错成本,克服了物理条件对技术应用及创新的约束,存在缺陷的方案能够及时被纠正,而缺乏可行性的方案也可以在短时间内进行重新设计,因此实现了创新成本的降低。

(2)产业带动层面:网络外溢效应和商业模式创新。

首先,ICT的渗透和扩散能够产生网络外溢效应,从而带动产业层面的发展。根据梅特卡夫法则,计算机网络的价值与网络节点数成二次方的关系,也就是说,网络中的用户数量越多,那么网络对每个用户的价值就越大,每个用户都可以从网络中获得收益,即产生网络外溢效应。由于前期投入的固定成本较高,而后期加入的边际成本较低,因此,用户数量的增长不仅分担了平均成本,并且有助于网络经济效益的提高。另外,网络外溢效应使得每个网络节点的用户对于网络具有较高的使用黏性,节点用户在技术使用、人才配备、外部环境等方面的积累保障了ICT外溢效应的持续性。

其次,ICT推动了商业组织模式的互动创新,这有助于实现产业的创新发展。在传统的商业创新体系中,技术创新通常占据主导地位,组织结构、管理模式等涉及商业运行的创新均以辅助技术创新为目的。因此,从时间线上,商业模式的创新大多数发生在技术进步之后,是在技术创新的商业化、市场化之后逐渐产生的。但是，在信息化和数字化发展背景下，商业模式创新逐渐成为企业实现技术创新价值的新途径，比如，云计算的本质就是面向服务的商业模式创新。因此，ICT的技术变革与商业模式的创新是呈现出同步发展、相互推动的"螺旋式"发展特征，商业模式的创新也可以直接转化为实际的商业价值。

（3）社会发展层面：推动边界模糊和消费者主体参与。

首先，ICT能够使企业、部门之间的边界被模糊化，从而有助于实现跨区域、跨领域、跨部门的资源贡献和协作发展。在传统的商业关系中，信息的流通和传递受到客观存在的地理边界和组织边界的限制，企业之间、区域之间相对独立和封闭，资源的共享和利用效率也因此受到制约，这在很大程度上成为实现融合发展的障碍。在ICT的支撑下，不同的生产者之间有了快速了解的渠道和便捷交流的平台，能够开展低成本、高效率的信息采集、传输和处理，同时能够克服语言障碍、专业差异等现实问题，降低了合作双方的信息不对称和协作成本，更有利于多维度、多区域、多层面的合作创新。

其次，消费者能够在ICT的支持下以主体身份参与生产过程，使得"以人民为中心""以消费者为主体"的生产理念和创新思维更容易实现。在传统的商业模式中，消费者只能被动地接受生产者提供的产品和服务。但在信息化时代，ICT为消费者提供了接收市场信息的多个渠道，消费者能够作为价值需求的一方主动参与生产过程，也可以实现与生产者进行直接沟通和即时反馈，获得满足个人需要，甚至定制化的产品和服务。在供求关系中，消费者开始逐渐占据主导地位，生产者的价值和收益实现则必须以满足消费者的个性化需求为前提。

3.3 信息通信技术推动经济高质量增长的实现路径

3.3.1 创新驱动路径：信息通信技术提高企业自主创新

从高质量增长的内涵和特征来看，创新驱动[①]是未来发展的核心动能，也

---

① 本研究"创新驱动路径"中的"创新"指技术创新。

是实现创新型国家建设目标的主要增长方式。从中国的发展历程来看，中国早期的创新和高科技大量依靠国外引进，以"技术换市场"的策略使中国企业在国际竞争中容易受制于人，缺乏知识产权、核心竞争力和自主创造力。因此，在新的发展阶段和发现目标下，提高自主创新能力不仅仅体现了中国现阶段的创新理念和创新导向，也是建设创新型国家、推动高质量增长的有力保障。

通常来说，企业是科技创新的主体，高效的创新研发活动主要依靠个体企业来实现。随着信息通信技术（ICT）在微观企业层面广泛应用，ICT的技术特征对企业的生产带来了重大创新变革，同时也为企业提高自主创新能力提供了新的机遇，能否通过ICT投入加强企业自主创新能力对于高质量增长的实现具有重要意义。因此，本研究结合ICT具有的技术属性和创新特征，从企业自主创新的角度分析ICT推动高质量增长的实现路径。

（1）信息通信技术提高企业自主创新的总体机制。

直观上讲，企业自主创新是指企业依赖自身具备的资源和能力进行的创新活动，是通过掌握自主知识产权和核心技术获得创新发展的过程。同时，由于专利是知识产权的重要载体和创新成果的主要表现，因此常用于衡量技术创新水平。熊彼特创新理论提出，创新资源的投入是影响创新成功与否的重要因素，而知识和信息是企业创新资源的源泉。由此可见，创新资源的积累对企业自主创新起到决定性作用，并且在开放经济和市场机制下，企业创新所需的资源、信息、知识可以通过企业内部和企业外部两个途径进行获取。因此，本研究基于企业获取创新资源的内部途径和外部途径，分别讨论了ICT提高企业自主创新的总体作用机制。

①提高内部信息获取能力。首先，ICT的可数据化特征能够帮助企业提高其获取内部信息的时效性和准确性。在ICT的支持下，企业的生产、技术、管理、人员等信息均可以被快速记录和储存，企业能够对内部的各种资源包括物力、人力、资金、技术等进行系统全面的了解和管理，这不仅有利于企业的运作经营，而且能弹性化制定创新资源的整体规划和部署。其次，数字化办公、数字化管理等ICT应用提高了企业内部的沟通效率，企业内部部门之间的信息壁垒被打破，各种ICT设备和平台的应用能够实现企业快速搜索创新活动所需

的资源、信息和人员，从而有助于优化内部资源的配置效率。

②加大内部信息创新整合。首先，ICT 的可数据化特征赋予 ICT 相关设备和软件进行数据分析、处理、加工的能力，这为企业深度挖掘与创新相关的内部信息提供了便利，也为资源信息的进一步整合应用奠定了技术基础。其次，ICT 的创新再使用充分保障了企业资源和信息的多元化使用。ICT 的应用使企业拥有了比以往任何时候都丰富的数据储备，而数据的非竞争性能够大幅降低数据折旧，被多次使用的数据仍然可以根据不同的目的和需求进行创造性的整合应用。因此，基于企业内部信息的创新整合和 ICT 分析能力的大幅提升，企业所需的创新资源和创新信息则可以不断扩充和积累。

③缓解外部信息不对称。企业的自主创新能力会受到外部环境因素的影响，特别是市场需求和市场竞争等方面的外部信息，往往对企业内部的创新决策具有重要作用。但是，ICT 的普遍适用性和明显的成本优势使得大量企业进行 ICT 资本投入，这使得个体企业在通过 ICT 掌握内部信息的同时，还可以有渠道去了解其他竞争企业、消费者需求变化以及行业发展动态的相关信息，从而有利于企业降低创新不确定性、发现把握创新先机，增强企业提高自主创新能力的动力。

④搭建外部共享平台。ICT 的应用不仅为企业资源的外部共享提供了技术支撑，还大大提高了企业搭建资源共享平台的创新价值。由于 ICT 具有创新再使用和可扩展重组的技术特征，这使得增加数据获取的长度和宽度均能够被企业转化为有价值的信息和源源不断的生产力。此外，企业的自主创新虽然在创新成果上表现为掌握专利产权和核心技术，但在创新过程中，企业仍然可以通过外部资源的吸收和学习提高自主创新能力。因此，搭建外部共享平台对稀缺要素、专有资源、独特数据在一定程度上的共享压缩了企业的创新成本，企业可以从中吸收"养分"并不断积累创新资源，最终实现吸收—积累—创新的良性循环。

（2）信息通信技术提高企业自主创新的具体作用机制。

ICT 的应用能够增加企业对创新资源的获取和积累，但从企业自主创新和研发过程的具体投入要素来看，创新资源通常表现为研发投入、人力资本投入、劳动力技能提高和交易成本降低等多种形式。因此，本研究基于创新资源在企业自主创新过程中的不同投入形式,来进一步分析 ICT 提高企业自主创新的具体作用机制。

①增加研发投入。研发投入是专门用于科研活动的创新资源,因此,研发投入水平的提高是激发创新活力、增强创新能力的有力保障。

ICT 对企业研发投入的影响主要表现在以下两个方面:第一,ICT 的更新换代遵循摩尔定律,这导致 ICT 制造业通常面临激烈的市场竞争。因此,ICT 企业必须要增加研发投入来提高自主创新水平、保持竞争优势。当然,由于 ICT 企业本身在信息技术水平、ICT 创新资源等方面具有明显优势,这有助于实现 ICT 对 ICT 企业创新的正反馈效应。第二,在信息化和数字化时代,ICT 的应用有助于实现消费者深度参与产品的设计与生产,这能够提高供需之间的连接和匹配,为生产者提供产品和服务时明确创新方向,降低了研发的试错成本,增强企业自主创新的内生动力和有效性。

②提高人力资本。内生经济增长理论表明,人力资本是推动技术创新的源泉,而 ICT 的普及和发展实现了传统教育模式的新突破,也为人力资本水平的提高提供了多样化的途径。

ICT 对人力资本积累的促进作用主要表现在以下 3 个方面:第一,ICT 及相关技术为有效获取信息和知识提供了更多便利,促进了区域创新体系中知识的充分交流。依托 ICT 应用,人们可以快速掌握新技能、积累新知识,从而加速各个行业人力资本的积累和提升。第二,ICT 嵌入创新生产和管理过程,促使创新主体和创新人员不断学习新技术,积累技术使用经验,因此有助于提高劳动力的知识和技术水平,促进人力资本积累。第三,ICT 扩大了劳动力的流动速度和扩散范围,推动了人力资本价值的最大化,并且在信息时代的新型创新思维方式下,创新型人才将发挥人力资本的作用,打破传统思维方式,积极推动生产方式的改进。

③优化劳动力技能结构。劳动力技能结构通常是指高技能劳动力在劳动力总量中的占比,高技能劳动力不仅熟练掌握专业知识与技术,而且还具有较强的创新能力,能够通过综合多种技能、改造技术、提出新工艺等将技能转化创新成果。因此,高技能劳动力也是企业重要的创新资源。

ICT 对劳动力技能结构的优化作用主要表现在以下 3 个方面:第一,ICT

能够提高高技能劳动力的占比。由于ICT产品的使用需要劳动力具备一定的专业知识和技能水平，因此，企业对高技能劳动力的需求也会随着ICT的持续投入而不断增加。第二，ICT对程序化的任务具有替代作用，这使得高技能劳动力能够在相同工作时间约束下，充分利用自身的比较优势完成更多的非程序化任务，提高了高技能劳动力自身的创新效率。第三，高技能劳动力不仅可以快速灵活地使用新技术，而且更容易结合新的流程与组织模式并产生协同创新，从而提高企业的自主创新。

④降低交易成本。通常而言，市场上存在的信息不对称、外部性、不确定性等复杂因素会导致高额的交易成本，而过高的交易成本会挤占企业的创新资源，从而抑制企业的自主创新。

ICT对降低交易成本的作用主要体现在以下3个方面：第一，在ICT的支持下，企业获取信息的成本大幅减少，由于地理距离产生的交易费用会随着运输成本的压缩而降低，从而抑制了由于信息不对称产生的交易成本。第二，交易双方的信息也可以通过信息共享平台进行获取和验证，在一定程度上避免了道德风险以及创新资源的浪费。第三，ICT带来的组织管理变革能够有效降低企业交易费用。传统的企业组织结构链条冗长、缺乏灵活的管理机制，因此产生了较高的管理费用，而ICT使企业组织结构趋于网络化和扁平化，降低了内部的管理成本，实现了内部资源的节约（见图3-1）。

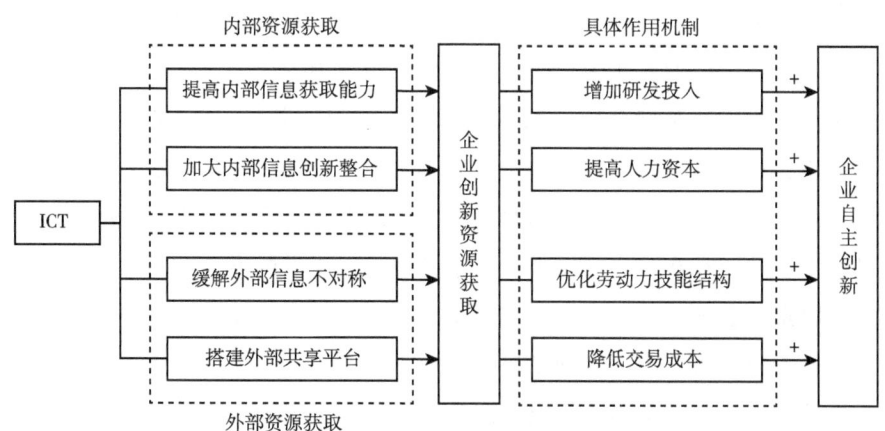

图3-1　ICT提高企业自主创新的作用机制

3.3.2 效率提升路径：信息通信技术促进宏观生产率增长

根据前文的分析，可以看出ICT的技术特征是诱使ICT在微观层面普遍应用和持续投入的根本原因。不过，企业在通过ICT投入实现自主创新和高效发展的同时，ICT的创新扩散效应也进一步带动了行业、产业层面的统一协调发展，逐步累积放大ICT对高质量增长的促进作用，最终在宏观上表现为生产效率的提升。宏观生产率的提高不仅有助于保持高质量增长的数量增长基础，而且是实现高质量增长的供给质量改革的必然结果。因此，本研究从宏观生产率的视角，探讨ICT驱动高质量增长的效率提升路径。

笼统来讲，宏观生产率主要是指生产要素的投入产出的效率，宏观生产率的提高意味着单位产出需要的各种要素投入量有所减少，通常可以用劳动生产率、资本生产率和全要素生产率的增长进行衡量。从中国的经验来看，高投入和高消耗的粗放式增长推动了高速的经济总量增长，但这种模式下的宏观生产率及其对经济增长的贡献也一直处于较低水平。因此，本研究分别通过构建数理模型和具体机制分析来探讨ICT对宏观生产率增长的促进作用，同时也是对高质量增长的提质增效结果和增长方式转变的有效检验。

（1）信息通信技术影响宏观生产率的数理模型。

本研究基于增长核算（Growth Accounting）方法的思想构建了ICT影响宏观生产率的数理模型。作为相关经验分析中最常用的核算方法之一，增长核算是从生产率增长的角度分析国家或地区经济之间的差异。Solow（1957）最早提出了增长核算的理论基础并构建了基本的模型框架，后来被很多学者进一步拓展应用。增长核算方法分析和解决的是不同因素对经济增长的影响程度，也就是生产率的增长在多大程度上取决于各种投入要素的增长，多大程度上来源于其他因素。这种分解方法常常被用于宏观经济分析，在很多检验ICT资本投入的增长效应的研究中也得到了广泛应用。

为了计算简便，本研究假定生产函数为技术进步为希克斯中性的新古典生产函数：

$$Y = AF(K,L) \tag{3.1}$$

其中，Y 为总产出，K 和 L 分别表示资本和劳动力投入，A 代表技术进步，通常以全要素生产率（TFP）表示。由于移动电话、互联网和其他 ICT 应用的迅速普及引致了 ICT 的大规模投资，因此，本研究借鉴 Jorgenson、Ho 和 Stiroh（2008）提出的模型，将资本投入（K）区分为 ICT 资本（K_{ICT}）和非 ICT 资本（K_{NICT}），同时将式（3.1）左右两边同时除以 L 转化为集约形式，则可以写为：

$$y = Y/L = Af(k_{ICT}, k_{NICT}) \tag{3.2}$$

在要素市场完全竞争的假设下，每种要素投入的边际产品等于其价格且规模收益不变，因此，式（3.2）可以进一步转化为劳动生产率增长的形式：

$$\Delta \ln y = \bar{v}_k \Delta \ln k + \Delta \ln A/L$$
$$= \bar{v}_{k_{ICT}} \Delta \ln k_{ICT} + \bar{v}_{k_{NICT}} \Delta \ln k_{NICT} + \Delta \ln A/L \tag{3.3}$$

在式（3.3）中，$\bar{v}$ 表示要素收入份额在两个时期的平均份额，$\Delta \ln$ 表示增长率，生产函数的规模收益不变假设意味着 $\bar{v}_k = \bar{v}_{k_{ICT}} + \bar{v}_{k_{NICT}}$。从式（3.3）的理论结果可以看出，劳动生产率的增长来源可以分为 3 个主要部分：（1）ICT 资本投入的贡献；（2）非 ICT 资本投入的贡献；（3）技术进步 A 的贡献。

基于数理模型的结果，本研究从以下 3 个角度展开 ICT 对劳动生产率增长的具体机制分析：第一，作为一种新的资本要素类型，可以从 ICT 资本投入本身来分析其对生产率增长的直接效应和作用机制。第二，由于 ICT 具有一些区别于传统物质资本的特殊属性和创新效应，从而使得 ICT 在投入生产的过程中会影响其他非 ICT 资本的投入，从而对生产率增长产生间接影响。第三，广义的技术进步即 TFP 增长会受到非要素投入比如制度、组织管理、社会文化等因素的影响，而 ICT 的应用能够引起这些因素的创新变革，因此进一步通过 ICT 影响广义技术进步来分析其对生产率增长的间接机制。

（2）信息通信技术促进宏观生产率增长的具体作用机制。

经济增长理论认为，投资、消费和出口是拉动短期增长的三大要素，而长期增长主要取决于生产要素投入和技术进步（栾大鹏和欧阳日辉，2012）。从短期来看，ICT 资本投入对提高生产率的直接作用机制体现在投资方面，具体表现为提高资本深化水平和提高资本要素质；从长期来看，ICT 资本投入主要通过间接作用来影响宏观生产率，其中，通过影响非 ICT 资本投入的具体机制包括优化要素投入结构、优化要素配置效率，而通过影响广义技术进步的作用机制体现为加强组织管理效率。

①提高资本深化水平。根据新古典增长理论，资本深化是指资本与劳动力比值的提高，反映了物质资本投资和机器设备积累的增加。从厂商选择投入要素的内在机理来看，要素使用量的多少取决于要素的边际产量和相对价格。对于ICT资本而言，摩尔定律使其具有明显的相对价格优势，因此在生产过程中容易对其他投资要素产生了大规模替代。替代效应加速了ICT的投资和资本深化效应，而ICT投资具有规模报酬递增或不变的特征，由此带来的规模效率能够克服资本的边际产出递减规律，从而促进生产率增长。经验研究表明，20世纪90年代末，美国"新经济"的生产率增长有45%的贡献是来源于ICT大规模投资所导致的资本深化（Oliner and Sichel，2000）；2000~2005年ICT资本深化对中国经济的贡献为0.61%，超过了发达国家水平（孙琳琳等，2012）。

②提高资本要素质量。除了投资数量上的增加，ICT投入还进一步体现了资本要素质量的改进，是一种资本体现型技术进步的过程。资本体现型技术进步是指技术进步直接作用在资本投入上，资本相较于劳动力的要素质量和生产效率均更高。实际上，从投资的形态来看，新技术通常借助于实物资本投资来实现生产应用，而新机器设备往往内嵌了资本体现型技术进步。对于ICT设备而言，与其结合的先进技术提高了ICT资本的要素质量，而资本质量是促进劳动生产率增长的重要来源。第二次世界大战后，美国60%的生产率增长均来自资本体现式技术进步（Gordon，1990；Hulten，1992）。中国的技术进步也长期体现为资本体现型的技术进步，1980~2004年，资本体现型技术进步对中国TFP增长的贡献率约为40%（黄先海和刘毅群，2008）。

③优化要素投入结构。发展经济学结构理论认为，要素投入结构通常表示为各种要素在要素投入总量中所占的比重，是反映技术变动和发展方向的一个主要指标。随着ICT的投入应用，中国的要素投入结构发生了明显变化。

ICT对要素投入结构的优化作用主要体现在以下3个方面：第一，从总体上看，ICT资本（包括软件和硬件）在要素投入总量中的占比不断增大，ICT资本对非ICT资本和劳动力的替代使得非ICT资本和劳动力在要素投入总量中的占比增长放缓。第二，ICT 创造了"数据"这种新生产要素，相较于其他实物型生产要素，数据具有数量大、易储存、零折旧、低成本等明显优势。因此，数据要素的投入不仅有利于转变投资驱动的粗放型增长模式，而且是推动知识经济发展的核心生产力。第三，从各种要素的内部结构变化来看，一方面，软件资本在 ICT 资本（或总资本）中的占比提高是信息化发展的必然趋势，也是 ICT 资本内部结构的高级状态，这是由于增加软件这种无形资产的投入能够缓解对实物资本的消耗，也是实现数据要素生产力的重要工具和媒介。另一方面，从劳动力投入内部结构来看，ICT 对低素质、低技能的劳动力产生了高度的替代，但增加了对高素质人力资本和高技能劳动力的需求，从而优化了劳动力要素的内部结构，有助于提高宏观生产率水平。

④优化要素配置效率。从要素流动和要素配置的角度，要素配置效率的优化能够有效提升生产率水平。研究表明，如果中国和印度的要素配置效率与美国一样高，那么中国和印度的制造业全要素生产率（TFP）增长总量将分别提高约 40% 和约 50%。

ICT 对要素配置效率的优化作用主要体现在以下 3 个方面：第一，ICT 能够打破信息壁垒，加快生产要素的流动，促进行业之间的要素结构调整和资源再配置，提高要素配置效率。由于结构刚性即资源流动性障碍，市场往往不能自动实现资源的均衡有效配置，而 ICT 的应用为要素流动和再配置提供了信息渠道。第二，作为一种技术密集型和知识密集型的高级要素，ICT 能够倒逼行业从初级生产要素主导的低级产业形态，向高级生产要素主导的高级产业形态转变，并同时加强技术、知识、人力资本等辅助性要素的配置效率。第三，ICT 能够不断与初级要素渗透和融合，使初级要素能够转化为新式初级要素，从而延缓初级要素的边际收益递减，优化初级要素的使用效率，从而促进宏观生产率的增长。

⑤加强组织管理效率。组织结构、管理效率等非要素投入因素同样对生产率的提高具有重要影响，组织管理方式如果没有随生产和要素的变化做出相应调整，那么宏观生产率的增长也会受到限制。但是，ICT 能够推动组织管理的持续变革，通过促进信息交流沟通、打破组织边界、重组生产流程、提高服务质量、降低信息成本等强化组织管理效率，从而推动宏观生产率增长。

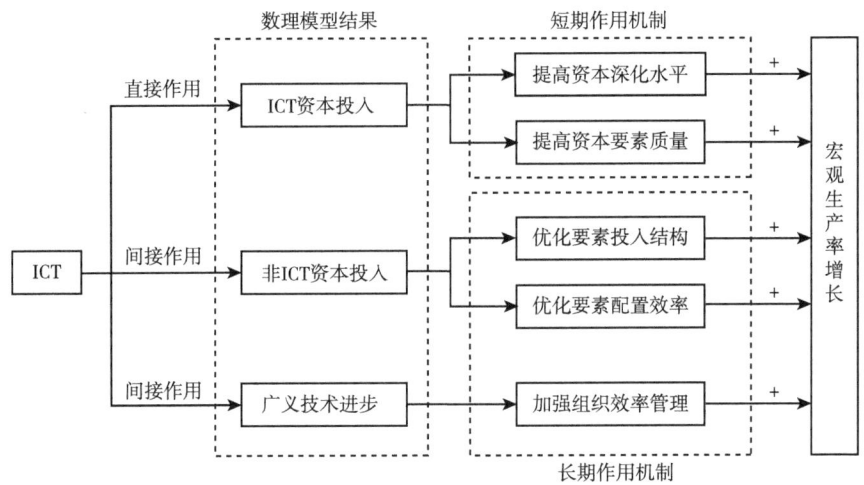

图 3-2　ICT 提高宏观生产率的作用机制

如图 3-2 所示，ICT 对组织管理效率的促进作用主要体现在以下两个方面：第一，ICT 能够使组织结构趋于网络化和扁平化。组织结构通常体现为层级设置方式和权力集中程度，如果部门层级设置层次较多、信息沟通效率较低，那么该组织结构在应对外部环境变化时就容易缺乏灵活性。但是，ICT 的应用使不同层级之间的信息传递效率有所提高，组织内部的沟通成本、管理成本等持续下降，使组织结构更加精简和扁平。第二，ICT 提供的数字化管理手段和管理模式大大提高了组织管理的效率。在传统的商业模式下，所有的管理活动均依赖于现实世界展开，但在 ICT 的支持下，基于"线上""云端"等虚拟平台的新模式不断涌现并得到广泛应用，在应对一些突发性大型公共事件时也能够表现出强大的应对能力和管理效率。

3.3.3　可持续发展路径：信息通信技术降低二氧化碳排放

随着工业化和现代化的快速发展，人类在近 300 年的时间里已经消耗了地球上所储存的煤炭、石油、天然气等化石能源中的 50%，随之而来的是以二氧化碳为主的温室气体持续增加造成的全球气候问题，绿色、低碳、可持续发展已成为世界各国的发展目标。作为世界上最大的碳排放国家，中国也在经济转型升级的关键时期提出了"碳达峰"和"碳中和"的国家战略目标,如何实现经济、能源和环境的可持续发展,成为中国高质量增长进程中亟须解决的重要问题。

ICT 为实现高质量增长的可持续目标提供了新机遇。从 ICT 的技术特征来看,可数据化、创新再使用和可扩展重组均体现了一种集约型、虚拟化和去物质化的发展趋势,而 ICT 的创新扩散效应也为更大范围的低能耗、低排放提供了发展新思路。因此,从判断可持续发展的主要指标即二氧化碳的排放强度来看,推动 ICT 在低碳减排方面的积极作用是实现高质量增长可持续目标的重要路径。因此,本研究分别通过构建数理模型和分析具体机制来探讨 ICT 对二氧化碳排放的影响。

(1) 一般性技术进步影响二氧化碳排放的数理模型。

一般而言,所有的技术进步在一定程度上均存在一定的环境效应,ICT 作为新一代的技术进步也不例外。因此,在讨论 ICT 影响二氧化碳排放的具体机制之前,本研究先构建数理模型分析一般性技术进步对二氧化碳排放的作用。首先,将技术进步因素 A 引入柯布-道格拉斯生产函数表示如下:

$$Y = AF(K, L, E, M) \tag{3.4}$$

其中,Y 为总产出水平,K 表示资本投入,L 表示劳动力投入,E 为能源要素投入,M 为其他生产要素。将式(3.4)改写为具体的方程式表述为:

$$Y = A^\theta K^\alpha L^\beta E^\delta M^\lambda \tag{3.5}$$

其中,θ、α、β、δ、λ 分别为各个要素的产出弹性。由于当投入要素的边际产品价值与要素成本(或价格)相等时,可以实现利润最大化。因此,对式(3.5)求偏导数,并且用 P 表示产品价格,可以得到如下关系:

$$\omega = P \cdot MP_L = P \cdot \beta \cdot A^\theta K^\alpha L^{\beta-1} E^\delta M^\lambda \tag{3.6}$$

$$k = P \cdot MP_K = P \cdot \alpha \cdot A^\theta K^{\alpha-1} L^\beta E^\delta M^\lambda \tag{3.7}$$

$$e = P \cdot MP_E = P \cdot \delta \cdot A^\theta K^\alpha L^\beta E^{\delta-1} M^\lambda \tag{3.8}$$

$$m = P \cdot MP_M = P \cdot \lambda \cdot A^\theta K^\alpha L^\beta E^\delta M^{\lambda-1} \tag{3.9}$$

其中,ω、k、e、m 分别为资本、劳动力、能源和其他要素的要素价格。将式(3.8)与式(3.6)、式(3.7)和式(3.9)联立求解,可以得出:

$$K = \frac{\alpha}{\delta} \cdot \frac{e}{k} \cdot E \tag{3.10}$$

$$L = \frac{\beta}{\delta} \cdot \frac{e}{\omega} \cdot E \qquad (3.11)$$

$$M = \frac{\lambda}{\delta} \cdot \frac{e}{m} \cdot E \qquad (3.12)$$

将式（3.10）~式（3.12）代入生产函数式（3.5），并进行移项处理，则可以得出技术进步 A 与能源要素 E 之间的关系如下：

$$E = A^{[-\theta/(\alpha+\beta+\lambda+\delta)]} \cdot \left[Y \cdot \left(\frac{\alpha}{\delta} \cdot \frac{e}{k} \right)^\alpha \cdot \left(\frac{\beta}{\delta} \cdot \frac{e}{\omega} \right)^\beta \cdot \left(\frac{\lambda}{\delta} \cdot \frac{e}{m} \right)^\lambda \right]^{[-1/(\alpha+\beta+\lambda+\delta)]}$$

(3.13)

由于化石燃料占中国能源要素投入的绝大比例，而化石燃料主要排放的是二氧化碳气体，因此，式（3.13）中的能源要素投入 E 可以近似替代二氧化碳排放。由于 θ、α、β、δ、λ 均为大于 0 的参数，那么 $-\theta/(\alpha+\beta+\lambda+\delta)$ 一定小于 0，E 与 A 之间是反向变动关系。因此，从理论推导结果可以看出 E 与 A 之间存在负相关关系，即技术进步具有碳减排效应。

（2）信息通信技术降低二氧化碳排放的具体作用机制。

从数理模型的分析结果来看，技术进步具有二氧化碳的减排效应。对于 ICT 这一具体的技术进步，本研究将从不同层面去分析 ICT 影响二氧化碳排放的具体机制，主要包含：在微观层面，ICT 通过促进低碳技术发展来直接影响二氧化碳排放；在中观层面，ICT 通过产业结构的优化升级降低能源消耗，从而减少二氧化碳排放；在宏观层面，ICT 能够加强政府对碳排放市场的了解和调控，进而影响二氧化碳排放。

①促进低碳技术发展。ICT 对二氧化碳排放的直接影响体现在微观层面的低碳技术发展。低碳技术是指涉及可再生能源、可替代的新能源、传统不可再生能源的高效使用，以及二氧化碳捕获与封存等能有效抑制温室气体排放的绿色技术。由于 ICT 具有普遍适用性和丰富的应用场景，因此，ICT 与许多能源环境领域的技术融合能够推动更智能、更绿色的发展。

具体来看，ICT 对低碳技术发展的促进作用主要体现在以下两个方面：第一，ICT 能够与不同能源环境领域、不同生产环节进行绿色融合和低碳技术研发。智能化发展思维为绿色发展提供了新思路，对绿色研发、绿色设计、低碳制造、市场运作和绿色管理等方面产生影响，智能电网、能源互联网、节能家电、智能生产线、在线环境监管等均在不同程度上融入了 ICT，促进了能源利用技术和低碳技术的全面提高。第二，与 ICT 相结合的低碳技术具有较大的适用范围和市场空间，从而增加了企业对低碳技术的创新动力。ICT 的网络效应使其对能源利用部门具有正的溢出效应，在这种形势下，ICT 与资源利用技术和节能技术不断融合和扩散，绿色产品设计系统、绿色工艺规划系统、绿色制造决策系统等在企业间普遍应用，有效提高了企业的能源利用技术和能源效率，直接降低企业生产过程中的二氧化碳排放。

②优化产业结构。从经济发展的普遍规律来看，早期的产业结构呈现出工业主导的特征，随后不断向以服务业为主转变。平均而言，全球工业生产的能源强度为 0.12，农业的能源强度为 0.036，服务业的能源强度为 0.016[①]。由此可见，服务业的能源强度远低于工业，产业结构的优化升级（即从工业主导转向服务业主导）可以降低经济的能源强度和碳排放。从中国的情况来看，工业碳排放约占全国碳排放总量的 70%，因此，中国的产业结构升级有助于降低二氧化碳排放强度。

ICT 通过优化产业结构减少二氧化碳排放的具体机制包含以下两个方面：首先，ICT 能够通过能源配置效应影响产业结构升级。ICT 的应用为市场上的能源配置信息和排放信息提供了平台，强化了市场环境中的优胜劣汰竞争机制，迫使企业改进生产流程和能耗模式，引导资源从配置效率低、污染排放高的产业向配置效率高、污染排放低的产业转移，从而促进产业结构的升级，降低能源消耗和碳排放。其次，ICT 能够催生出一批新兴的绿色低碳产业。在高质量增长的绿色发展目标下，新兴产业不仅从劳动密集型向技术密集型、知识密集型产业发展，同时还要向低碳产业发展。相对于传统工业行业，绿色新兴产业不仅对能源的需求量远远降低，并且大多采用清洁能源，因而能够有效降低碳排放强度。

③调控碳排放市场。从宏观治理层面来看，政府对碳排放的统一管理和调控对碳减排具有重要的影响力和约束力。对于中国而言，"双碳"是国家力争实现的发展战略目标，而中国的碳排放市场还处于发展初期，在此阶段，国家政府

---

① EnerData, 2016. Energy intensity of industry (to value added) [WWW Document]. URL. https://wec-indicators.enerdata.net/industry-energy-intensity-world-level-trends.html accessed 7.22.19.

的引导和管理则显得尤为重要。随着 ICT 的发展，政府能够借助于 ICT 实现碳排放市场的信息获取、即使调控和数字化管理，从而助力中国的二氧化碳减排。

ICT 影响政府调控碳排放市场的具体机制包含以下两个方面：第一，ICT 有助于政府通过数字化方式构建和运营全国统一的碳排放市场。由于减排的成本在不同地区、不同部门存在较大差异，因此，需要建立全国统一的碳排放市场来统一管理和调控碳排放价格，在减碳成本最低的地区和部门进行减碳带来的经济效益。不过，全国统一的碳排放市场显然需要全国范围内的数据获取、管理和分析作为支撑，而 ICT 能够为政府提供统一的数字化平台和先进的智能化手段。第二，在 ICT 的支持下，政府可以更好地了解能源市场动向和价格变动趋势，这有助于引导碳交易市场的合理定价和交叉补贴。碳排放交易是指运用市场机制来促进二氧化碳减排和环境保护的重要措施，但由于中国的碳交易市场还处于建立初期，相关的市场规则和管理制度还在不断地摸索和尝试。在此情况下，ICT 为政府全面获取能源市场信息提供了机会，使其能够适度合理地引导碳市场的健康发展（见图 3-3）。

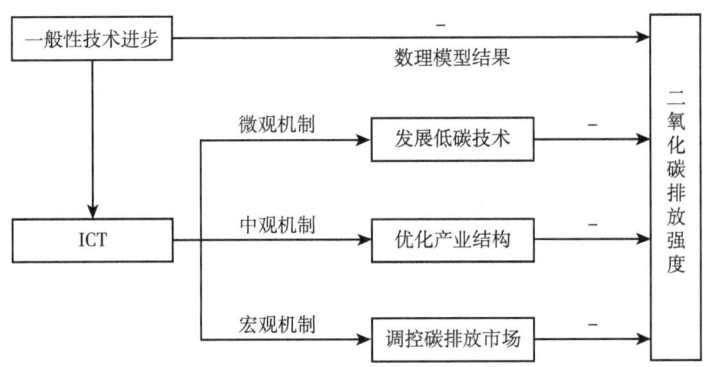

图 3-3 ICT 降低二氧化碳排放的作用机制

3.4 本章小结

经济高质量增长是中国特色社会主义经济发展思想的重大创新，也是中国高质量发展阶段的新目标和实践指导。在信息化和数字经济发展的时代背景下，本章对信息通信技术（ICT）驱动经济高质量增长的理论基础进行了分析，并且对ICT影响经济高质量增长的不同实现路径进行了探讨。

首先，本章基于经济增长理论、经济发展理论和中国经济的实践历史，结合经济高质量增长提出的现实动因，对高质量增长的内涵进行界定。本研究认为，高质量增长是在稳定的经济增长基础上，实现科技创新驱动、供给质量提升、全面均衡协调和可持续发展的经济增长高级状态。围绕高质量增长的内涵，本研究进一步从技术进步、产业体系现代化发展以及制度创新3个方面分析了促进高质量增长的主要因素。

其次，本章对ICT的内涵、特征和创新扩散机制进行了分析。ICT是指通过电子方式生产、获取、存储、处理、传输信息的技术，主要包括硬件和软件两大类型。与其他技术相比，ICT具有可数据化、创新再使用和可扩展重组的特征，结合以上特征，本研究进一步从技术运用、产业带动、社会发展3个层面阐释了ICT创新扩散的理论机制。

最后，本章结合高质量增长的内涵以及ICT的创新扩散效应，从微观层面的技术应用、宏观层面的结果表现以及人与自然层面的协调发展，构建了ICT推动高质量增长的创新驱动路径（提高企业自主创新）、效率提升路径（促进宏观生产率增长）、可持续发展路径（降低二氧化碳排放强度）的系统分析框架，并且对不同实现路径下的具体作用机制进行了深入分析。

第 4 章

信息通信技术对企业自主创新能力的影响

在如何驱动创新型国家建设、加快释放 ICT 创新潜能的战略背景下,作为创新和研发的核心主体,企业自主创新能力的提高是推动经济高质量增长的根本动力,而 ICT 具有的进步性和创新性为企业的自主创新提供了有利环境。因此,本研究以中国沪深 A 股的上市公司为研究对象,深入探讨了企业的 ICT 投入对其自主创新能力的影响,以及该影响在企业规模、企业产权和市场化水平方面表现出的异质性。此外,本研究首次从 ICT 行业和非 ICT 行业分别讨论 ICT 投入影响企业自主创新能力的理论机制,并且进行了系统的实证检验。

4.1 问题的提出

在中国经济陷入增速放缓、发展方式转变和经济结构调整的新常态背景下,如何摆脱经济发展困境、增强经济发展的新动力、寻找新的经济增长点成为社会各界研究的重要课题。其中,加快数字化建设、推动数字化转型,从而释放 ICT 的发展潜能成为提高经济发展质量的重要举措。某种程度上,数字化建设贯穿经济改革的始终已上升至国家战略,并且关乎中国现代化进程的战略实现。在此背景下,中国的 ICT 发展水平持续大幅提升,部分技术已经达到国际领先水平,为推动中国的经济增长发挥了重要作用,但仍然存在核心技术受制于人、ICT创新驱动潜能还未充分释放等问题①。究其原因，中国的ICT投入特别是软件投入不足，ICT推动自主创新的能力还有所欠缺。

在经济高质量增长的阶段，创新是发展的第一动力，而企业是创新的主体，是推动创新发展的主要力量。因此，提高企业的自主创新能力是转变经济发展方式，实现经济高质量增长的必由之路。在此背景下，决定企业的ICT投入能否转化为竞争优势的关键，还在于企业能否通过ICT的应用提高自主创新能力。那么，企业的ICT投入能否促进自主创新，并且ICT对企业自主创新的作用机制为何？从相关研究来看，目前有关企业ICT投入的研究主要聚焦于探讨ICT对企业绩效（饶艳超和陈烨，2012；朱斌和杜群阳，2018；王可和周亚拿，2019）、企业的产能利用率（王永进等，2017）的影响。而有关企业创新的研究则集中分析企业内部治理因素如企业高管（易靖韬等，2015；卫旭华等，2015）或外部政策如产业政策（黎文靖和郑曼妮，2016）对企业创新的影响。也有少量研究就ICT与创新之间的关系进行了探讨，但相关研究主要聚焦于行业层面，如探讨行业的ICT水平对中国工业部门技术创新效率的影响（韩先锋等，2014）。由此可见，鲜有研究从微观企业视角探索ICT投入与自主创新能力之间的关系及其背后的作用机制。

就企业的信息化、智能化、数字化发展路径而言，ICT行业与非ICT行业在行业属性和发展模式上的不同可能导致各自的数字化转型发展路径也存在差异。比如，ICT企业是ICT设备、产品和服务的生产者和供给方，而非ICT企业主要通过购买ICT企业提供的相关产品和服务来实现ICT投入，是ICT产品的使用者和需求方。因此，就ICT投入而言，ICT行业与非ICT行业分别作为供给方和需求方的发展路径截然不同。例如，ICT行业的企业ICT投入更多是自我研发费用，通过自主研发，扩大主营产品和业务；而非ICT行业的企业ICT投入则是借助于ICT产品和设备实现变革与发展。这种行业属性的不同必然导致ICT对企业自主创新的主要影响机制不一样，因此，本研究从ICT行业和非ICT行业两个角度分别探讨ICT投入对企业自主创新的影响和各自主要的作用机制。

区别于以往研究，本研究的主要贡献如下：首先，本研究扩展了企业ICT

---

① https://mp.weixin.qq.com/s/Lx2onSBJPumfG0oNQERmTQ.

投入的相关研究，而本研究从微观企业视角出发，探讨了 ICT 如何影响企业的自主创新，因此丰富了企业数字化发展的文献。其次，本研究基于 ICT 行业与非 ICT 行业的不同行业属性，分别探讨了 ICT 投入对企业自主创新的影响和主要的作用机制，这对于挖掘 ICT 投入对企业自主创新的影响机制具有重要作用。最后，本研究还丰富了企业创新的相关研究。目前有关企业创新的研究，主要聚焦于企业内部治理或外部政策对企业创新的影响，而本研究从企业 ICT 投入视角，研究了其与企业自主创新的关系，对企业和政府如何推动数字化建设和提高创新水平具有重要的现实指导意义。

4.2 机制分析与研究假设

企业的行业属性不同，所采用的数字化发展路径也各异。具体而言，ICT 行业为其他非 ICT 行业提供数字产品和数字化服务，而其他非 ICT 行业的数字化更多依靠引进设备和购买服务来优化自身的生产和发展。加之，对于 ICT 行业而言，ICT 资本的密集度更高，ICT 资本在研发投入中的占比较大，并且相关技术人员和研发人员的积累水平同样高于其他行业。因此，行业属性的差异必然导致 ICT 投入对企业自主创新能力的主要影响机制也不一样。基于此，本研究分别从 ICT 行业和非 ICT 行业两个角度，探讨 ICT 投入影响企业自主创新的重要作用机制。

4.2.1 ICT 行业的企业自主创新

（1）研发投入。

在信息化、数字化和智能化发展的战略背景下，ICT 行业是生产和提供信息产品和信息服务的核心行业。某种程度上，ICT 行业的自主创新水平和创新发展程度是推动全行业数字化转型发展的基础和核心。

理论上，研发投入的程度决定了企业自主创新水平的高低。例如，现代经济增长理论表明，技术进步是决定长期经济增长的重要因素，而研究与开发投入（R&D）是实现技术进步的主要手段（Solow，1956；Romer，1990）。尤其对于 ICT 行业而言，ICT 行业的研发投入决定了其提供产品的质量，ICT 行业只有加强自身的研发水平，提升其自主创新能力，才能获得竞争优势。以华为为例，华为是 ICT 行业全球领先的 ICT 基础设施和智能终端的提供商，为世界提供有竞争力、安全可信的信息产品和服务。其中，持续不断的高水平研发投入是华为获得世界领先优势的关键。

此外，ICT 行业本身具有更新换代较快的发展特点，因此要通过研发投入获得可持续竞争优势。著名的摩尔定律准确预测了信息产业的发展趋势，并且指出了信息时代的代名词——"更快、更好、更便宜"，这反映出 ICT 行业激烈的市场竞争。因此，ICT 行业的企业要追求竞争优势，就需要不断地进行大量的研发投入，从而为企业的创新发展奠定基础。

本研究认为，ICT 行业的 ICT 投入能改善企业的研发投入，包括研发资金投入和研发人员的投入等。一方面，ICT 投入为 ICT 企业的研发资金提供了保障，从而能有效降低企业自主研发风险，进而提高自身的自主创新水平。具体而言，ICT 行业所生产的产品主要是信息产品，因此其 ICT 投入也主要用于企业在相关业务的研发上。对于 ICT 行业而言，由于其本身的信息技术水平较高，在实现信息实时获取、及时了解和把握市场需求方面具有明显的优势。在既有优势的基础上，ICT 行业加大 ICT 投入能够为企业自主创新奠定坚实的资金保障，从而能有效降低企业自主研发面临的不确定性，进而有助于 ICT 企业的自主创新。

另一方面，ICT 行业的 ICT 投入还能增加企业的研发人员规模，为企业自主研发提供人才支撑，从而促进企业自主创新。具体而言，ICT 行业能够通过引进相应的研发人才，有助于帮助用户深度参与产品的设计与生产（肖旭和戚聿东，2019）。在这个过程中，ICT 行业能够针对客户需求加大 ICT 研发投入，满足用户的信息获取需求（赵涛等，2020），从而获取新的商业机会（周广肃和樊纲，2018）。在商业机会的刺激下，有助于 ICT 行业提升自主创新水平的提升。因此，本研究认为，ICT 行业提高自身的 ICT 投入能够提高企业自主创新能力。

（2）劳动力技能结构。

如前文所述，ICT 行业的信息技术人员和信息研发人员的比例高于其他行业。理论上，ICT 行业的 ICT 投入可能会影响企业的劳动力结构，进而影响企业的自主创新水平。因此，本研究还分析了 ICT 行业的 ICT 投入对劳动力技能结构的影响。

除了通过增加研发投入来促进创新以外，劳动力技能也能够通过"干中学"产生创新外溢效应。有研究表明，人才结构（或高技能人才的占比）能够决定技能偏向型技术变迁的方向，进而影响技术创新（Acemoglu，2002a）。高技能人才除了熟练掌握专业知识与技术外，还具有较强的创新能力，能够通过综合多种技能、改造现有技术、创造新产品、提出新工艺等将技术创新转化为产品、服务和效益（郭丹等，2017）。此外，高技能人才所具备的分析协调等能力是对 ICT 的补充（Autor et al.，2003）。高技能人才不但能更快、更灵活地使用新技术，而且更容易适应新的流程与组织模式并产生协同创新（Krueger and Kumar，2004）。

由于 ICT 本身具有高度的兼容性和多样的应用场景，自主创新不仅可以发生在研发部门，也可以出现在生产和销售等环节，导致 ICT 企业的创新活动对高技能人才的要求更高。具体而言，对于信息行业的企业来说，研发、生产、销售和服务等每一个生产环节均高度依赖 ICT，ICT 的采用为企业带来了生产产品和提供服务的数据基础，而这些原始数据需要被进一步分析和处理才能为企业的生产助力，由此产生了对高技能人才的需求。因此，某种程度上，高技能人才是 ICT 企业提高自主创新能力的重要基础。

本研究认为，ICT 行业的 ICT 投入会优化企业的劳动力技能结构，具体而言，ICT 投入会提高企业的高技能人才占比。首先，从 ICT 行业的人才需求看，作为一种技能偏向型技术，ICT 行业的投入要求员工具备一定的专业知识和使用相关设备的能力，从而导致企业对高技能人才的需求增加（Milgrom and Roberts，1990；Bresnahan et al.，2002；宁光杰和林子亮，2014；邵文波等，2018）。

其次，ICT 行业的 ICT 投入会降低重复性劳动人员的需求，从而降低低技能劳动力的占比。ICT 对程序化的任务具有替代作用，这使得高技能人才在相同工作时间约束下充分利用自身的比较优势完成更多非程序化的任务，提高了高技能人才的工作效率（Autor and Dorn，2013），从而降低了对低技能员工的人才需求。事实上，现有研究也得到类似的经验证据。如有研究发现，信息要素密集度更高的 ICT 行业或信息制造业对高技能人才的相对需求上升幅度远大于其他行业（邵文波和李坤望，2014；邵文波等，2018）。因此，本研究认为，ICT 行业的 ICT 投入能够提高高技能人才的占比，从而提高企业的自主创新水平。

综合以上分析，本研究提出假设 4-1：ICT 企业的 ICT 投入能够促进自主创新水平的提高，并且该促进效应主要通过提高企业的研发水平和劳动力技能结构实现。

4.2.2 非 ICT 行业的企业自主创新

（1）交易费用。

根据交易费用理论，交易费用是指除了与物质生产和运输过程直接有关的费用之外的所有费用（Cheung，1989）。通常来说，市场上存在的信息不对称、外部性、不确定性、市场运作等复杂因素会导致高额的交易费用，而过高的交易成本挤占了企业的创新投资，抑制了企业的创新动力，对提升企业的自主创新能力产生不利影响。

ICT 之所以能够对非 ICT 企业的自主创新能力产生实质性影响，是因为应用 ICT 能够降低信息的搜索成本、复制成本、运输成本、跟踪成本和验证成本（Goldfarb and Tucker，2019），从而降低信息不对称产生的交易费用。在技术的支持下，较低的搜索成本扩大了潜在的搜索范围和质量。由于信息的可数据化大大降低了运输成本，地理距离产生的交易费用会随着企业的 ICT 投入而改变，交易双方的信息也可以通过数据共享平台进行获取和验证，在一定程度上降低了信息不对称所导致的"道德风险"问题。此外，ICT 可以打通信息孤岛，加快信息在市场上的流通，在市场主体之间建立数字化连接，形成数据穿透，实现信息存储的去中心化管理。

ICT 能够有效降低企业交易费用的另一个体现在于其为公司管理结构带来的变革。传统企业的组织结构都像金字塔般一样，呈现垂直化、科层制、等级制的特点，管理链条冗长，缺乏灵活的管理机制，从而产生了较高的管理费用。但是，ICT 的应用推动了企业内部管理模式的改革，使得企业的组织结构趋于网络化和扁平化（戚聿东和肖旭，2020），这对于控制管理成本具有重要意义。扁平化去除了中间层，提高了信息传递的快捷性和准确性，从而降低了企业的交易成本。由此，企业的ICT投入能够在不损失效率的情况下，减少组织的中间层级数量，从而提高了企业的效率，进而降低了企业的交易费用。

此外，由于有限理性、机会主义倾向和外在的资产专用性是产生交易费用的重要原因，而信息通信技术具有激活闲置资产、放松资产专用性约束的作用（肖旭和戚聿东，2019）。在传统的产业体系下，要素闲置是制约企业发展的影响因素之一。通过ICT的投入和应用，企业之间能够实现对闲置要素的共享，间接地增加了要素供给，从而通过存量调整，缓解了增量供给的压力。例如，美国Airbnb公司在租房者与房主之间建立起信息化连接，提高了房屋租赁供求的匹配效率，并且利用增强现实以及虚拟现实等技术保障房源信息的真实性，进一步提高租房者与房主之间的信息对称度。因此，本研究认为，对于非ICT行业而言，ICT投入能够降低企业的交易费用，从而提高企业的自主创新水平。

（2）代理效率。

公司代理理论指出，企业通常存在两类代理问题：第一类是在股权结构高度分散条件下，所有权和经营权的分离产生了股东与管理层间的代理问题（Jensen and Meckling，1976）；第二类是大股东与中小股东间的代理问题（Shleifer and Vishny，1997）。理论上，信息不对称是代理问题产生的根源。信息不对称的程度越高，管理层的道德风险更突出，从而导致企业的代理效率越低（Jensen，1986）。一方面，由于外部投资者不能有效观察和监督管理层的经营行为，使得管理层有机会攫取公司的私利。另一方面，中小投资者也缺乏有效的内在激励去搜集公司管理层或大股东经营行为和经营活动信息（罗进辉，2012）。现实中，企业与投资者交流时，更倾向于提供乐观的信息，从而吸引更多资金支持，这进一步加剧了投资者与企业管理层之间的信息不对称（郝项超等，2018）。

理论上，信息不对称所导致的代理问题会降低企业的自主创新能力。由于委托人和代理人之间存在两权分离，使得代理人在做决策时不一定以委托人的利益最大化为目的，而是追求自身利益的最大化。以企业创新为例，企业创新活动具有高风险、周期长的特点。出于自身利益的考虑，企业代理人不愿意投资风险较高、回报较长的创新项目。但长期而言，创新发展是企业获得长期竞争优势的根本来源。因此，企业代理人不愿意冒风险将资源投入周期较长的研发项目上属于短视行为，不利于企业的长期发展。员工的创新激励也会因为企业存在较高的代理问题而受到影响（张超林和杨竹清，2018），从而不利于企业自主创新能力的提高。

事实上，非 ICT 行业的 ICT 投入能够有效缓解企业代理问题对自主创新的负面影响。随着 ICT 的不断发展和扩散，越来越多的相关产品应用于企业生产。ICT 行业能够针对非 ICT 行业的需求进行个性化定制，例如，华为通过自身的信息技术为中海油集团个性化制定视频会议系统，从而保障了集团和各级单位通信畅通，更高效地提高集团与重要单位之间的实施沟通①。由此可见，ICT 能够有效增强非 ICT 行业的企业管理者的监督管理，提高了信息的收集、传递、处理和运用效率，扩大了信息的溢出效应，从而降低了由于信息不对称产生的代理问题。就企业创新而言，企业的 ICT 投入，例如购买管理软件和信息平台，能够为股东提供企业创新活动的事前约束和事后监督的有效信息来源，从而约束管理层的短视行为，降低企业的代理问题，进而促进企业的创新。

综合以上分析，本研究提出假设 4 - 2：非 ICT 行业的 ICT 投入能够提高企业的自主创新水平，并且主要通过降低交易费用和提高代理效率实现（见图 4 - 1）。

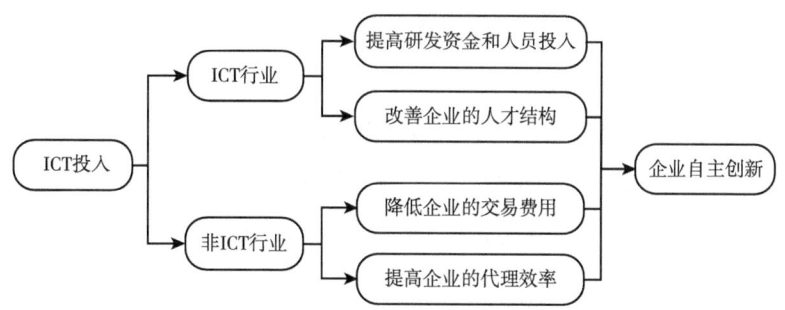

图 4 - 1　ICT 投入影响企业自主创新的路径

---

① http：//www.cnbp.net/case/detail/14034.

4.3 研究设计

4.3.1 样本选择与数据来源

本研究选取了 2009～2019 年在沪深 A 股上市的非金融上市公司作为研究样本。在剔除了 ST 类、净利润小于 0 以及数据缺失的样本后,最终得到有效样本 5597 个。上市公司的专利数据源于中国研究数据服务平台(CNRDS),其余数据均来源于 CSMAR 和 WIND 数据库。为了消除极端值的影响,本研究对所有连续变量均进行上下 1% 的缩尾处理。

4.3.2 模型设定与变量说明

为检验 ICT 投入对企业自主创新能力的影响,本研究构建如下模型:

$$\ln Patent_{i,t+1} = \alpha_0 + \beta_1 \ln ICT_{i,t} + Controls_{i,t} + \sum Year_t + \sum Industry_i + e_{i,t} \tag{4.1}$$

其中,i 代表公司个体,t 代表年份,$\ln Patent$ 为衡量企业自主创新水平的变量;$\ln ICT$ 为企业的 ICT 投入变量,包括硬件投入($\ln Hard$)和软件投入($\ln Soft$);$Controls$ 为控制变量集,本研究采用双向固定效应方法控制企业个体差异以及时间差异,β_1 为 ICT 投入对企业自主创新的净效应。为了进一步考察硬件和软件资本投入对企业自主创新能力的影响,本研究构建模型(4.2)进行分析:

$$\ln Patent_{i,t+1} = \alpha_0 + \lambda_1 \ln Hard_{i,t} + \lambda_2 \ln Soft_{i,t} + Controls_{i,t} + \sum Year_t + \sum Industry_i + e_{i,t} \tag{4.2}$$

模型中各变量的含义如下:

企业自主创新水平($\ln Patent$)。本研究借鉴了余明桂等(2016)、逯东和朱丽(2018)的做法,采用上市公司当年获得的发明专利数量加 1 的自然对数($\ln Patent$)作为企业自主创新水平的代理变量。根据《中华人民共和国专利法》的相关规定，专利类型包括发明专利、实用新型专利和外观设计专利。其中，实用新型专利和外观设计专利的技术要求较低、含金量小，获得较为容易；而发明专利是对产品、方法或者流程所提出的新技术方案，技术要求较高，获得难度也较大。因此，本研究采用公司的发明专利数衡量企业的自主创新水平。此外，考虑到企业专利从申请到获得需要 2~3 年的时间，并且专利申请不一定通过。因此，企业当年的专利获得数更能准确体现公司当年的创新产出水平，故本研究采用的发明专利获得数量衡量企业的自主创新水平。

企业 ICT 投入（$\ln ICT$）。本研究中，上市公司的 ICT 投入水平主要根据固定资产和无形资产投资的项目明细进行手工收集和统计。具体而言，如果上市公司的固定资产和无形资产投资项目明细中包含 ICT 资产的关键词，则认为该项投资属于 ICT 投入①。基于此，本研究从上市公司的固定资产和无形资产投资中分别识别、提取出属于硬件和软件的投资项目，再将当期所有的硬件项目期末投资额和软件项目期末投资额分别加总，从而得到上市公司的硬件资产和软件资产的投入水平。进一步地，当期的硬件项目期末投资总额和当期的软件项目期末投资总额之和则为上市公司的 ICT 投入水平。

其他变量。参考解维敏等（2009）、余明桂等（2016）以及逯东和朱丽（2018）的做法，模型（4.1）和模型（4.2）中的控制变量包括：企业年龄（AGE）、企业规模（$SIZE$）、资产负债率（LEV）、净资产收益率（ROE）、现金流（CFO）、流动比率（$CURRENT$）、企业市值（$Tobinq$）、高管持股比例（$Manshare$）、机构投资者持股比例（$Fund$）以及年份（$Year$）。具体变量说明见表 4-1。

表 4-1　　　　　　　　　　　　　变量定义

变量	变量名	变量定义
$\ln Patent$	自主创新能力	上市公司当年获得的发明专利数量加 1 的自然对数
$\ln ICT$	信息资产投入	上市公司当期期末的信息资产总额的自然对数

---

① 本书将固定资产投资项目明细中包含"电子""计算机""电脑""通讯""IT""光缆""通信""智能""自动""通导""信息"等关键词的投资认定为硬件投资，将无形资产投资项目明细中包含"软件""管理系统""云端""云计算""算法""程序""网站""平台""代码""云服务"等关键词的投资认定为软件投资。

续表

变量	变量名	变量定义
ln$Hard$	硬件资产投入	上市公司当期期末的硬件资产数额的自然对数
ln$Soft$	软件资产投入	上市公司当期期末的软件资产数额的自然对数
AGE	企业年龄	观测年度 - 公司上市年份
$SIZE$	企业规模	企业资产总额的自然对数
LEV	资产负债率	负债总额/资产总计
ROE	净资产收益率	净利润/净资产
$CURRENT$	流动比率	流动资产/流动负债
CFO	经营活动现金流	经营活动现金净流量/总资产
$Tobinq$	企业市值	所有者权益和负债的市场价值/总资产
$Manshare$	高管持股比例	董事、监事和高级管理人员持股量总和/总股数
$Fund$	机构投资者持股比例	机构投资者持股比例,如果没有则取0
$Year$	年份	年度虚拟变量

4.4 实证结果分析

4.4.1 描述性统计分析

表4-2列出了表4-1中核心变量的描述性统计结果。可以看出,企业自主创新水平(ln$Patent$)的均值为1.564,最大值为5.645,表明样本公司的平均自主创新水平较低且存在较大差异。企业ICT投入(lnICT)的均值和最大值分别为18.65和23.10,说明上市公司整体的ICT水平较高。

表4-2   描述性统计分析

变量	样本量	均值	标准差	最大值	最小值
ln$Patent$	5597	1.564	1.289	5.645	0.000
lnICT	5597	18.650	1.477	23.100	15.020
ln$Hard$	5597	18.380	1.516	22.860	14.110

续表

变量	样本量	均值	标准差	最大值	最小值
ln$Soft$	5597	16.420	1.924	21.450	10.590
AGE	5597	2.679	0.418	3.434	0.693
$SIZE$	5597	22.140	1.249	26.650	19.340
LEV	5597	0.400	0.195	0.934	0.050
ROE	5597	0.099	0.069	0.404	0.003
$CURRENT$	5597	2.669	2.617	17.200	0.278
CFO	5597	0.048	0.064	0.264	-0.183
$Tobinq$	5597	2.446	2.020	11.180	0.168
$Manshare$	5597	0.127	0.186	0.662	0.000
$Fund$	5597	0.428	0.256	0.936	0.001

4.4.2 基准回归结果

表4-3报告了本研究的基准回归结果。其中第（1）列为模型（4.1）的回归结果，可以看出企业ICT投入（lnICT）与企业自主创新水平（ln$Patent$）之间的回归结果在1%的水平上显著为正。该结果表明，ICT投入能够提高企业的自主创新水平。表4-3中的第（2）列为式（4.2）的回归结果，为了判断变量ln$Hard$与ln$Soft$之间是否存在多重共线性问题，本研究检验了所有解释变量的方差膨胀因子（VIF），发现每个变量的VIF值均远小于10，因此不存在多重共线性，变量ln$Hard$与ln$Soft$的系数估计准确性不受影响。结果表明，硬件投入（ln$Hard$）和软件投入（ln$Soft$）与企业自主创新水平（ln$Patent$）之间的回归结果也在1%的水平上显著为正，表明企业的硬件投入和软件投入均能提高企业的自主创新水平，并且从回归系数大小看出，硬件投入对企业自主创新的促进作用更明显。表4-3的第（3）~（6）列分别以未来一期和未来两期的企业自主创新水平（ln$f1Patent$、ln$f2Patent$）作为被解释变量，回归结果基本一致。由此可见，ICT投入能够促进企业自主创新能力的提高，并且这种促进作用在时间上具有一定的延续性。此外，相较于硬件来说，软件对企业自主创新的积极作用略有不足。一般而言，随着数字化发展进程的推进，企业要

实现更高层面的创新发展需要高度依赖软件的投入和使用效率,但由于中国的软件发展起步较晚,企业的相关配套设施和资源基础薄弱,因此在一定程度上限制了软件对企业自主创新能力的推动作用。

表 4-3 基准回归结果

被解释变量	(1) $\ln Patent$	(2) $\ln Patent$	(3) $\ln f1 Patent$	(4) $\ln f1 Patent$	(5) $\ln f2 Patent$	(6) $\ln f2 Patent$
$\ln ICT$	0.137*** (4.89)		0.060*** (2.68)		0.077*** (4.46)	
$\ln Hard$		0.105*** (4.57)		0.060* (1.78)		0.075*** (3.32)
$\ln Soft$		0.050*** (2.90)		0.032* (1.82)		0.039*** (3.59)
Age	0.345*** (2.70)	0.345*** (2.82)	0.279** (2.41)	0.275** (2.44)	0.281* (1.81)	0.278* (1.79)
$SIZE$	0.237*** (6.13)	0.223*** (5.78)	0.380*** (11.64)	0.356*** (12.15)	0.330*** (7.56)	0.304*** (7.04)
LEV	-0.118 (-0.97)	-0.111 (-0.97)	-0.235** (-2.45)	-0.225** (-2.33)	-0.432*** (-3.09)	-0.418*** (-3.02)
ROE	-0.889*** (-3.16)	-0.878*** (-3.05)	-1.240*** (-8.26)	-1.207*** (-7.87)	-0.914*** (-6.04)	-0.883*** (-6.11)
$CURRENT$	-0.008 (-1.55)	-0.007 (-1.40)	-0.018*** (-3.96)	-0.017*** (-3.27)	-0.015** (-2.30)	-0.013** (-2.09)
CFO	0.188 (0.97)	0.179 (0.94)	0.396** (2.18)	0.380** (2.05)	0.387** (1.97)	0.373* (1.93)
$Tobinq$	-0.039*** (-2.95)	-0.039*** (-2.93)	-0.019 (-1.24)	-0.019 (-1.22)	0.008 (0.64)	0.008 (0.65)
$Manshare$	0.645*** (6.53)	0.634*** (6.49)	0.840*** (6.20)	0.834*** (5.98)	0.525*** (5.18)	0.524*** (4.92)
$Fund$	0.378** (2.39)	0.374** (2.36)	0.583*** (3.50)	0.580*** (3.49)	0.495*** (3.37)	0.500*** (3.43)
$Constant$	-7.961*** (-9.24)	-7.823*** (-9.06)	-9.426*** (-9.79)	-9.358*** (-9.34)	-8.428*** (-7.03)	-8.382*** (-6.98)

续表

被解释变量	(1) ln*Patent*	(2) ln*Patent*	(3) ln*f1Patent*	(4) ln*f1Patent*	(5) ln*f2Patent*	(6) ln*f2Patent*
Observations	5597	5597	4937	4937	4215	4215
Within $-R^2$	0.308	0.309	0.303	0.304	0.261	0.262
Mean VIF	2.94		2.76		2.50	

注：括号内为 t 统计值，*、**、*** 分别表示在 10%、5% 和 1% 的水平上显著。

4.4.3 异质性分析

（1）企业规模。

由于大企业在规模经济效应、内在创新动力和互补性要素基础等方面更有优势，因此，企业规模可能会影响 ICT 与自主创新能力的关系。一方面，大企业的技术创新能够获得的规模经济和范围经济效应比小企业更大（Jefferson et al., 2006），这更有利于 ICT 实现其网络效应和网络价值，因此，大企业可能更倾向于增加 ICT 投入。另一方面，创新活动面临的诸多不确定性会影响企业的创新动力（杜伟，2005），大企业在资源积累和风险承担方面更有优势，创新的成功概率、预期收益和内在动力均相对较高，这有助于提升企业的自主创新能力。此外，大企业的人员素质和组织管理水平均高于小企业（姚洋和章奇，2001），而人力资本和组织管理水平是影响 ICT 发挥作用的重要互补性要素（Basu et al., 2003；Falk et al., 2017）。因此，大企业的规模经济效应、创新动力以及互补性要素积累，为 ICT 投资推动企业自主创新能力的提高提供了有利条件。基于此，本研究推测 ICT 投资对企业自主创新能力的促进效应在大企业中可能会更强。

为了检验企业规模是否影响 ICT 投入对自主创新能力的作用，本研究在式（4.1）中引入 ICT 投入与企业规模的交叉项（$SIZE \times \ln ICT$），回归结果见表 4-4 中的列（1）。从估计结果来看，交叉项（$SIZE \times \ln ICT$）的系数显著为正，表明 ICT 投入对企业自主创新的促进效应在大企业中更强。此外，为了观察硬件和软件投入对企业自主创新的影响在企业规模上的差异，本研究还在式（4.2）的基础上逐一引入硬件投入与企业规模的交叉项（$SIZE \times \ln Hard$）

以及软件投入（$\ln Soft$）与企业规模的交叉项（$SIZE \times \ln Soft$），从表4-4的列（2）和列（3）的结果来看，硬件投入和软件投入对企业自主创新的促进效应均在大企业中更强，但这种促进效应的程度在硬件上表现得更高。

表4-4　　　　　　　　企业规模异质性的回归结果

被解释变量	(1)	(2)	(3)
	$\ln f1Patent$	$\ln f1Patent$	$\ln f1Patent$
$SIZE \times \ln ICT$	0.073*** (5.46)		
$\ln ICT$	-1.535*** (-5.32)		
$SIZE \times \ln Hard$		0.078*** (5.58)	
$SIZE \times \ln Soft$			0.041*** (4.75)
$\ln Hard$		-1.642*** (-5.56)	0.057* (1.72)
$\ln Soft$		0.033* (1.89)	-0.874*** (-4.28)
Age	0.350*** (2.68)	0.345*** (2.68)	0.304** (2.49)
$SIZE$	-1.006*** (-3.94)	-1.106*** (-4.37)	-0.339** (-2.21)
LEV	-0.199** (-2.01)	-0.185* (-1.88)	-0.220** (-2.28)
ROE	-1.149*** (-9.18)	-1.134*** (-9.21)	-1.111*** (-8.87)
$CURRENT$	-0.027*** (-4.89)	-0.025*** (-4.30)	-0.024*** (-3.89)
CFO	0.413** (2.27)	0.409** (2.19)	0.376** (2.02)
$Tobinq$	-0.018 (-1.58)	-0.019 (-1.54)	-0.017 (-1.35)

续表

被解释变量	(1)	(2)	(3)
	ln f1Patent	ln f1Patent	ln f1Patent
Manshare	0.659*** (5.49)	0.652*** (5.41)	0.719*** (5.48)
Fund	0.519*** (3.32)	0.519*** (3.32)	0.521*** (3.20)
Constant	20.856*** (3.74)	22.542*** (4.02)	5.825* (1.65)
Observations	4937	4937	4937
Within-R^2	0.311	0.312	0.309

注：括号内为 t 统计值，*、**、*** 分别表示在 10%、5% 和 1% 的水平上显著。

(2) 产权性质。

国有企业和非国有企业在生产效率、交易成本和发展战略等方面存在不同特征，这使得产权性质会影响 ICT 资本的配置效率，进而影响企业的自主创新。从生产效率方面来看，由于国有企业的全要素生产率通常都低于非国有企业（刘瑞明，2013），而 ICT 对效率提升具有重要贡献（Jorgenson et al.，2008；郭家堂和骆品亮，2016）。因此，国有企业更可能倾向 ICT 投入，从而提高生产效率，进而满足国有企业效率改革的迫切需要。在交易成本方面，产权界定不明晰、管理组织链条较长等因素是导致国有企业交易成本较高的根源所在（彭真善和宋德勇，2006），而 ICT 能够通过缓解信息不对称来降低交易费用（韩先锋等，2014）。因此，国有企业更有可能投入 ICT 以缓解交易成本。从发展战略方面，数字化已经成为中国重要的发展战略指导，而国有企业往往具有一定的特殊使命和社会责任（金碚，2001；黄速建和余菁，2006），在发展战略选择上需要积极响应国家政策号召。因此，在当前的战略背景下，国有企业可能会充分利用 ICT 投入，从而实现自主创新发展。因此，本研究认为 ICT 投入对企业自主创新能力的提升作用可能在国有企业中更强。

本研究在式（4.1）的基础上引入 ICT 投入（lnICT）与企业产权性质（SOE）的交叉项（$SOE \times \ln ICT$），来检验产权性质是否会影响 ICT 对自主创新能力的作用。当上市公司的产权性质为国有企业时，SOE 的值取 1，否则取

0。回归结果见表4-5中的列(1),可以看出,交叉项($SOE \times \ln ICT$)与企业自主创新($\ln Patent$)的回归系数显著为正,表明ICT投资对企业自主创新的促进效应在国有企业中更强。此外,为了观察硬件和软件投入对企业自主创新的影响在企业产权性质上的差异,本研究还在式(4.2)的基础上逐一引入硬件资本投入($\ln Hard$)与产权性质的交叉项($SOE \times \ln Hard$)以及软件资本投入($\ln Soft$)与企业规模的交叉项($SOE \times \ln Soft$)。从表4-5的列(2)和列(3)来看,硬件投资和软件投资对企业自主创新的促进效应均在国有企业中更强,但这种促进效应的程度在硬件投资上表现得更高。

表4-5 产权性质异质性的回归结果

被解释变量	(1) $\ln f1Patent$	(2) $\ln f1Patent$	(3) $\ln f1Patent$
$SOE \times \ln ICT$	0.157*** (3.30)		
$\ln ICT$	-0.005 (-0.20)		
$SOE \times \ln Hard$		0.148*** (4.04)	
$SOE \times \ln Soft$			0.095*** (3.39)
$\ln Hard$		-0.003 (-0.08)	0.065* (1.92)
$\ln Soft$		0.030 (1.62)	-0.008 (-0.33)
Age	0.312*** (2.62)	0.301*** (2.61)	0.309*** (2.66)
SIZE	0.395*** (10.49)	0.371*** (11.28)	0.366*** (10.73)
LEV	-0.209** (-2.23)	-0.202** (-2.12)	-0.214** (-2.28)
ROE	-1.217*** (-8.32)	-1.173*** (-7.85)	-1.241*** (-8.12)

续表

被解释变量	(1)	(2)	(3)
	$\ln f1Patent$	$\ln f1Patent$	$\ln f1Patent$
CURRENT	-0.022*** (-4.28)	-0.021*** (-3.74)	-0.021*** (-3.58)
CFO	0.404** (2.41)	0.393** (2.25)	0.399** (2.20)
Tobinq	-0.017 (-1.07)	-0.017 (-1.10)	-0.017 (-1.05)
Manshare	0.735*** (6.69)	0.743*** (6.27)	0.742*** (6.17)
Fund	0.522*** (2.94)	0.532*** (3.00)	0.508*** (2.92)
SOE	-2.991*** (-3.61)	-2.800*** (-4.59)	-1.589*** (-4.00)
Constant	-8.572*** (-12.06)	-8.545*** (-10.56)	-9.012*** (-9.62)
Observations	4937	4937	4937
Within-R^2	0.306	0.307	0.307

注：括号内为 t 统计值，*、**、*** 分别表示在10%、5%和1%的水平上显著。

(3) 市场化水平。

市场化水平的显著差异会对企业的自主创新产生重要影响，市场化程度越高则越有利于企业开展创新活动。具体表现在以下3个方面：首先，市场化水平较高通常意味着成熟的要素市场和资源配置效率（方军雄，2006），这有利于企业从市场中获取研发人员和研发资源等创新要素，促进了企业研发资本的积累（解维敏和方红星，2011），而ICT的使用往往需要配备充足的人力资本。其次，在健康的市场环境下，企业愿意把更多精力投入技术创新活动中，竞争机制成为市场向企业传递的置信承诺，激励企业更加重视研发的质量和效率（Yang and Maskus，2009），因此更倾向于选择ICT投资。最后，由于创新的外部性会让企业面临技术被模仿、专利被侵权的风险（Anton et al.，2006），而在市场化程度较高，往往伴随着知识产权保护制度的完善和市场中介组织的发育,不仅激励了企业的研发创新,同时还保障了研发溢出渠道的畅通(蒋殿春和张宇,2008)。因此,处于市场化水平较高的企业可能倾向于利用市场环境的创新优势,发挥ICT的创新驱动力,从而提高企业的自主创新水平。因此,本研究推测市场化程度的提高有助于实现ICT投入对企业自主创新能力的积极影响。

为了检验市场化水平是否会影响ICT投入对自主创新能力的作用,本研究在模型(4.1)的基础上引入ICT投入($\ln ICT$)与市场化水平($Market$)的交叉项($Market \times \ln ICT$)。其中,市场化水平采用了樊纲和王小鲁(2001)研究中提供的上市公司所在地的市场化指数进行衡量,该指数的取值范围为0~10,值越大则表示市场化程度越高。从表4-6中列(1)的结果来看,交叉项($Market \times \ln ICT$)与企业自主创新($\ln Patent$)的系数显著为正,表明市场化水平的提高有助于发挥ICT投入对企业自主创新的促进效应。此外,为了观察硬件和软件对企业自主创新的影响在市场化水平上的影响差异,本研究还在式(4.2)的基础上逐次引入硬件与市场化指数的交叉项($Market \times \ln Hard$)以及软件投入与企业规模的交叉项($Market \times \ln Soft$),从表4-6的列(2)和列(3)来看,二者的回归系数均在1%的水平上显著为正。

表4-6 市场化水平异质性的回归结果

被解释变量	(1)	(2)	(3)
	$\ln f1Patent$	$\ln f1Patent$	$\ln f1Patent$
$Market \times \ln ICT$	0.041*** (3.19)		
$\ln ICT$	-0.250*** (-2.76)		
$Market \times \ln Hard$		0.040*** (3.34)	
$Market \times \ln Soft$			0.021*** (3.53)
$\ln Hard$		-0.261*** (-3.28)	0.036 (1.10)

续表

被解释变量	(1) $\ln f1Patent$	(2) $\ln f1Patent$	(3) $\ln f1Patent$
$\ln Soft$		0.068*** (5.25)	−0.090* (−1.79)
Age	0.052 (0.68)	0.050 (0.74)	0.041 (0.59)
$SIZE$	0.382*** (7.85)	0.342*** (8.53)	0.336*** (8.74)
LEV	−0.405*** (−2.58)	−0.399** (−2.50)	−0.383** (−2.27)
ROE	−1.369*** (−7.87)	−1.290*** (−7.53)	−1.244*** (−7.61)
$CURRENT$	−0.021*** (−3.11)	−0.018** (−2.49)	−0.017** (−2.41)
CFO	0.401** (2.17)	0.374** (2.02)	0.380** (2.08)
$Tobinq$	−0.038*** (−4.91)	−0.039*** (−5.12)	−0.040*** (−4.82)
$Manshare$	0.744*** (3.43)	0.735*** (3.46)	0.749*** (3.28)
$Fund$	0.628*** (4.08)	0.637*** (4.23)	0.660*** (4.14)
$Market$	−0.755*** (−2.92)	−0.722*** (−2.99)	−0.311*** (−2.77)
$Constant$	−3.172 (−1.27)	−3.228 (−1.44)	−6.138*** (−4.18)
$Observations$	3611	3611	3611
$Within-R^2$	0.348	0.350	0.349

注：括号内为 t 统计值，*、**、*** 分别表示在10%、5%和1%的水平上显著。

4.5 机制检验

前文的分析表明，ICT 投入能够提高企业的自主创新能力。接下来，本研究将分别从 ICT 行业和非 ICT 行业的角度，进一步检验 ICT 投入提高企业自主创新能力的潜在机制。

4.5.1 ICT 行业的影响机制检验

（1）研发投入。

前文分析了 ICT 投入可能通过推动 ICT 企业进行大量研发投入，从而提高企业的自主创新能力。大多数研究肯定了信息化在技术创新活动中的重要性，认为 ICT 对企业创新产生了深远影响（Nambisan, 2003；Keller, 2002）。特别是对于 ICT 行业的企业而言，由于其研发对象本身是技术密集型的高精尖信息技术，行业性质决定了其技术创新是基于高强度研发投入和追求持续领先的特征。研究表明，企业内部的研发活动投入①对提高企业自主创新水平及创新效率具有积极作用（Zhang et al., 2003；邓路和高连水，2009）。而 ICT 企业较高的信息技术水平提高了企业获取市场信息的能力，有助于降低创新成本和不确定性，从而激励企业进行研发投入。基于此，本研究推测，ICT 企业的研发投入可能是 ICT 影响企业自主创新能力的一个潜在核心机制。

对此，本研究以 ICT 行业的上市公司为样本，建立模型（4.3）考察 ICT 投入能否提高企业的研发投入，并采用双向固定效应模型进行检验：

$$RD_{i,t+1} = \alpha_0 + \alpha_1 \ln ICT_{i,t} + Controls_{i,t} + \sum Year_t + \sum Industry_i + e_{i,t}$$

(4.3)

其中，变量 RD 衡量的是 ICT 行业上市公司的研发投入水平，本研究同时采用企业研发支出的自然对数（$\ln RD$）和企业研发人员数在员工总数中的百

---

① 企业内部的 R&D 活动投入包括 R&D 资本投入和研发人员投入两个方面。

分比（Research）衡量研发水平。参考解维敏和方红星（2011）的研究，本研究对式（4.3）控制变量选择如下：年龄（AGE）、企业规模（SIZE）、资产负债率（LEV）、净资产收益率（ROE）、现金流（CFO）、企业性质（SOE）、企业市值（Tobinq）、高管持股比例（Manshare）和机构投资者持股比例（Fund），变量定义同式（4.1）。

表 4-7 报告了式（4.3）的回归结果，其中，ICT 投入（lnICT）与 ICT 行业上市公司的研发投入水平（lnRD、Research）的回归系数均在 1% 的水平上显著为正，表明研发投入作为 ICT 投入的一种有效机制，能够提高 ICT 行业的企业自主创新水平。

表 4-7　　　　　　　　　ICT 投入与公司研发投入

被解释变量	(1) lnRD	(2) Research
lnICT	0.211*** (3.97)	0.584*** (2.82)
Age	−0.261 (−1.10)	−0.189 (−0.09)
SIZE	0.847*** (10.02)	0.312 (0.64)
LEV	−0.347 (−1.03)	−2.001* (−1.66)
ROE	0.189*** (2.97)	0.041 (0.13)
CFO	0.015 (0.06)	−2.296** (−2.25)
Tobinq	0.049*** (2.88)	−0.174*** (−2.99)
SOE	0.033 (0.26)	−6.274*** (−8.34)
Manshare	0.824 (1.53)	9.405*** (3.57)

续表

被解释变量	(1) lnRD	(2) Research
Fund	−0.601** (−2.22)	8.247*** (3.02)
Constant	−12.617*** (−7.31)	0.000 (.)
Observations	290	1192
Within−R^2	0.725	0.065

注：括号内为 t 统计值，*、**、*** 分别表示在 10%、5% 和 1% 的水平上显著。

(2) 劳动力技能结构。

前文认为，ICT 可以通过优化劳动力的技能结构，从而促进 ICT 行业企业的自主创新。作为一种通用目的技术（General Purpose Technology），ICT 的高效使用需要一些互补性要素，其中，高技能劳动力是一种与 ICT 投资相互匹配的关键资源（Hitt and Brynjolfsson，1997；Bresnahan et al.，2002；汪淼军等，2006；Bartel et al.，2007）。对于 ICT 资本密集度较高的 ICT 企业而言，其生产特征导致企业在研发、生产、销售等每个环节均需要处理大量的数据和信息，而这些原始数据需要被进一步分析处理才能为企业所利用。由此，ICT 企业的大多数部门均对高技能劳动力有较高的配置需求，从而有利于发挥高技能劳动力在"干中学"过程中创新能力，并丰富 ICT 产品和服务的应用场景。

对此，本研究同样选择 ICT 行业的上市公司为样本，建立模型（4.4）考察 ICT 投入能否提高企业的劳动力技能结构，并采用双向固定效应进行估计：

$$Skill_{i,t+1} = \alpha_0 + \alpha_1 \ln ICT_{i,t} + Controls_{i,t} + \sum Year_t + \sum Industry_i + e_{i,t} \tag{4.4}$$

其中，$Skill$ 为高技能劳动力在劳动力中所占的比例，此外，为了结果的稳健性，本研究还选择了低技能劳动力在劳动力中所占的比例（$LSkill$）作为被解释变量进行检验。借鉴 Acemoglu（2002b）的划分标准，本研究将大学及以上学历员工认定为高技能劳动力，将高中及以下学历的员工认定为低技能劳动力。式（4.4）中的控制变量选择如下：年龄（AGE）、企业规模（$SIZE$）、资产负债率（LEV）、净资产收益率（ROE）、流动比率（$CURRENT$）、现金流

（CFO）、企业性质（SOE）和企业市值（$Tobinq$），变量定义同式（4.1）。

表4-8为式（4.4）的估计结果。其中，ICT行业的ICT投入（$lnICT$）与其高技能劳动力占比（$Skill$）的回归系数在1%水平上显著为正，表明ICT投入能够通过提高高技能劳动力占比来促进企业的自主创新水平。在表4-8的第（2）列，变量$lnICT$与低技能劳动力占比（$LSkill$）的系数显著为负，证实了结果的稳健性，说明劳动力技能结构的提高是ICT投入促进企业自主创新的一种有效机制。

表4-8　　　　　　　ICT投入与公司劳动力技能结构

被解释变量	(1)	(2)
	$Skill$	$LSkill$
$lnICT$	0.013 *** (3.06)	-0.018 ** (-2.60)
Age	-0.247 *** (-4.08)	0.110 ** (2.60)
$SIZE$	-0.025 ** (-2.35)	-0.029 *** (-4.67)
LEV	0.042 (1.55)	-0.026 (-0.40)
ROE	0.201 *** (3.63)	-0.170 *** (-3.44)
$CURRENT$	0.004 (1.61)	0.000 (0.48)
CFO	0.015 (0.58)	0.116 * (1.88)
$Tobinq$	-0.003 *** (-2.83)	-0.004 *** (-4.01)
SOE	0.031 * (1.73)	-0.012 (-0.30)
$Constant$	1.099 *** (4.45)	1.121 *** (5.72)

续表

被解释变量	(1)	(2)
	$Skill$	$LSkill$
$Observations$	475	682
$Within-R^2$	0.167	0.199

注：括号内为 t 统计值，*、**、*** 分别表示在10%、5%和1%的水平上显著。

4.5.2 非ICT行业的影响机制检验

（1）交易费用。

前文的分析指出，ICT投入能够降低非ICT行业的企业交易费用，从而提高其自主创新能力。有研究表明，信息技术能够减少企业内外部的交易费用和生产成本，特别是由于信息不对称导致的交易成本（黄群慧等，2019）；此外，信息化变革弱化了地理空间约束（赵振，2015），进而有效降低了运输成本（安同良和杨晨，2020）。ICT的应用带来的交易成本下降既可以使企业有更丰富的资金和精力投入创新活动（卢福财和徐远彬，2019），又可以使企业能更及时把握市场信息，加快创新要素的配置。因此，本研究认为非ICT行业的交易费用降低可能是ICT投入影响企业自主创新的一个潜在机制。

对此，本研究选择以非ICT行业的上市公司为研究样本，建立模型（4.5）和模型（4.6）考察ICT投资（包括硬件投入和软件投入）对企业交易费用的影响，并采用双向固定效应进行估计：

$$Tcost_{i,t+1} = \alpha_0 + \alpha_1 \ln ICT_{i,t} + Controls_{i,t} + \sum Year_t + \sum Industry_i + e_{i,t} \quad (4.5)$$

$$Tcost_{i,t+1} = \alpha_0 + \mu_1 \ln Hard_{i,t} + \mu_2 \ln Soft_{i,t} + Controls_{i,t} + \sum Year_t + \sum Industry_i + e_{i,t} \quad (4.6)$$

其中，变量 $Tcost$ 为非ICT企业的交易费用增长率，本研究参考王进猛和沈志渔（2010）、夏杰长和刘诚（2017）的做法，采用销售费用、管理费用与财务费用之和表示交易费用，即交易费用 = 销售费用 + 管理费用 + 财务费用。控制变量如下：年龄（AGE）、企业规模（$SIZE$）、资产负债率（LEV）、现金流（CFO）、企业性质（SOE）、企业市值（Tobinq）、第一大股东持股比例（Top）、董事会人数的自然对数（Board）、高管薪酬的自然对数（Salary），变量定义同式（4.1）。

表 4-9 报告了式（4.5）和式（4.6）的估计结果。从回归结果来看，非 ICT 企业的 ICT 投入（lnICT）与交易费用增长率（Tcost）的回归系数在 1% 水平上显著为负，表明 ICT 投入能够通过有效降低非 ICT 企业的交易成本，进而提高企业的自主创新水平。从硬件和软件投入分别来看，硬件资本投入（lnHard）与交易费用增长率的回归系数显著为负，而软资本投入（lnSoft）与交易费用增长率的回归系数为负但不显著。总体上表明，有效控制交易费用的增长是 ICT 投入促进非 ICT 企业自主创新的一种有效机制。

表 4-9　　ICT 投入与企业交易费用

被解释变量	(1) Tcost	(2) Tcost
lnICT	-0.043*** (-5.77)	
lnHard		-0.031*** (-2.67)
lnSoft		-0.008 (-1.22)
Age	-0.091** (-2.05)	-0.096** (-2.14)
SIZE	-0.029** (-2.06)	-0.032** (-2.34)
LEV	0.154* (1.78)	0.152* (1.74)
CFO	-0.491*** (-7.66)	-0.492*** (-7.51)
Tobinq	0.024*** (6.16)	0.024*** (6.28)
SOE	0.038 (0.67)	0.039 (0.70)

续表

被解释变量	(1)	(2)
	$Tcost$	$Tcost$
Top	0.088 (1.44)	0.092 (1.58)
$Salary$	−0.040*** (−3.82)	−0.039*** (−3.82)
$Board$	−0.042* (−1.91)	−0.042* (−1.94)
$Constant$	2.273*** (7.22)	2.232*** (7.02)
$Observations$	6039	6039
$Within-R^2$	0.062	0.061

注：括号内为 t 统计值，*、**、*** 分别表示在10%、5%和1%的水平上显著。

(2) 代理效率。

前文分析了 ICT 投资可能通过提高非 ICT 行业的企业代理效率，从而提高企业的自主创新能力。代理问题是公司治理机制优劣的体现，良好的公司治理机制有助于解决生产要素在企业中的代理问题，从而可以提高公司内部资源的配置效率和公司价值。只有公司内部治理机制不断完善，企业代理效率不断提高，研发创新才能可持续发展，如有研究表明，表明良好的公司治理机制有助于促进企业创新（鲁桐和党印，2014）。但由于技术创新风险高、周期长等特点，在没有有效的监管下，管理层的短视行为可能会导致其不愿做创新决策，而 ICT 的应用为委托人即时获取决策信息提供了渠道。因此，本研究推测，提高代理效率可能是实现非 ICT 企业的 ICT 投资促进自主创新水平的潜在机制。

本研究同样选择非 ICT 行业的上市公司为样本，建立式（4.7）和式（4.8）检验 ICT 投资以及硬件和软件资本投入是否能够提高企业的代理效率，并采用双向固定效应进行估计：

$$TE_{i,t+1} = \alpha_0 + \alpha_1 \ln ICT_{i,t} + Controls_{i,t} + \sum Year_t + \sum Industry_i + e_{i,t}$$

(4.7)

$$TE_{i,t+1} = \alpha_0 + \mu_1 \ln Hard_{i,t} + \mu_2 \ln Soft_{i,t} + Controls_{i,t}$$
$$+ \sum Year_t + \sum Industry_i + e_{i,t} \quad (4.8)$$

其中，TE 为非 ICT 企业的代理效率。参考李寿喜（2007）的做法，本研究采用资产周转率（营业总收入与总资产的比值）来衡量企业的代理效率，并选择式（4.7）和式（4.8）中的控制变量：年龄（AGE）、企业规模（$SIZE$）、资产负债率（LEV）、企业性质（SOE）、员工人数的对数（$\ln L$）、应收账款周转率（$Arturn$）和存货周转率（$Inventurn$）。

表4-10 提供了式（4.7）和式（4.8）的估计结果。本研究发现，非 ICT 行业的 ICT 投入（$\ln ICT$）与企业代理效率（TE）的回归系数在 1% 的水平上显著为正，这表明 ICT 投入能够通过提高非 ICT 企业的代理效率，进而推动企业自主创新水平的提高。从硬件和软件分别来看，变量 $\ln Hard$ 和变量 $\ln Soft$ 与代理效率（TE）的系数均在 1% 的水平上显著为正，并且软件对企业代理效率的影响程度要略高于硬件。总体上看，ICT 投入能够通过提高代理效率实现其对企业自主创新能力的推动作用。

表4-10　　ICT 投入与企业代理效率

被解释变量	(1) TE	(2) TE
$\ln ICT$	0.012 *** (3.39)	
$\ln Hard$		0.006 *** (3.41)
$\ln Soft$		0.008 *** (2.67)
Age	-0.024 (-1.39)	-0.024 (-1.38)
SIZE	-0.103 *** (-9.44)	-0.105 *** (-8.72)
LEV	0.235 *** (11.60)	0.235 *** (11.55)

续表

被解释变量	(1) TE	(2) TE
SOE	0.085*** (3.10)	0.086*** (3.12)
lnL	0.050*** (4.93)	0.050*** (5.05)
Inventurn	0.001*** (6.05)	0.001*** (5.94)
Arturn	0.000*** (2.89)	0.000*** (2.93)
Constant	2.249*** (10.09)	2.282*** (10.16)
Observations	6026	6026
$Within-R^2$	0.089	0.090

注：括号内为 t 统计值，*、**、*** 分别表示在10%、5%和1%的水平上显著。

4.6 稳健性检验

前文中的估计结果已经对个体固定效应进行了控制，个体固定效应能较好地缓解模型遗漏变量偏误的问题。因此，本研究主要围绕选择性偏误问题进行内生性检验，并从政策外生冲击和更换变量方式检验估计结果的稳健性。

4.6.1 样本选择性偏误检验

由于生产方式的差异和技术进步的路径依赖，上市公司在进行投资时具有一定的资产属性偏好，这种偏好可能导致本研究的回归结果存在一定的样本选择性偏误问题。鉴于此，本研究采用广义精确匹配（Coarsened Exact Matching）方法来缓解样本选择性偏误问题对回归结果的影响。理论上，广义精确匹配是一种解决处理组和控制组处理前差异的非参数方法，具有无须检查协变量平衡性和模型依赖度较低的优点，能够有效降低模型依赖程度和平均处理效应估计误差[①]。具体来说，本研究以公司是否投入ICT（Whf）作为分组变量，以企业年龄、企业规模、资产负债率、净资产收益率、流动比率、现金流、企业市值、高管持股比例和机构投资者持股比例作为关键协变量进行估计。

表 4-11 报告了匹配后的回归结果。可以看出，公司的ICT投入（包括硬件和软件投入）与企业自主创新的回归系数均显著为正，这说明在处理了样本选择性偏误问题之后，本研究结果依然稳健。

表 4-11　广义精确匹配后的回归结果

被解释变量	(1) $\ln Patent$	(2) $\ln Patent$	(3) $\ln f1 Patent$	(4) $\ln f1 Patent$	(5) $\ln f2 Patent$	(6) $\ln f2 Patent$
$\ln ICT$	0.188*** (5.07)		0.142*** (3.51)		0.164*** (3.97)	
$\ln Hard$		0.083** (2.22)		0.104*** (2.59)		0.124*** (3.01)
$\ln Soft$		0.128*** (5.41)		0.073*** (2.65)		0.072** (2.54)
Age	-0.031 (-0.33)	-0.017 (-0.19)	0.081 (0.85)	0.078 (0.82)	-0.014 (-0.15)	-0.010 (-0.11)
$SIZE$	0.348*** (6.29)	0.334*** (6.09)	0.395*** (6.35)	0.366*** (5.92)	0.422*** (6.45)	0.397*** (6.10)
LEV	0.435 (1.55)	0.385 (1.39)	0.471 (1.36)	0.445 (1.29)	0.002 (0.01)	0.005 (0.01)
ROE	-0.484 (-0.78)	-0.495 (-0.81)	-0.276 (-0.39)	-0.286 (-0.40)	-1.273* (-1.70)	-1.327* (-1.78)
$CURRENT$	0.030* (1.89)	0.030* (1.94)	0.029* (1.74)	0.031* (1.84)	0.008 (0.45)	0.009 (0.53)

---

① https：//www.lianxh.cn/news/9f52f83c56a31.html.

续表

被解释变量	(1) ln*Patent*	(2) ln*Patent*	(3) ln*f*1*Patent*	(4) ln*f*1*Patent*	(5) ln*f*2*Patent*	(6) ln*f*2*Patent*
CFO	-0.270 (-0.46)	-0.207 (-0.35)	-0.073 (-0.11)	-0.035 (-0.05)	-1.591** (-2.30)	-1.561** (-2.27)
Tobinq	0.068*** (2.96)	0.061*** (2.69)	0.085*** (3.41)	0.080*** (3.24)	0.103*** (4.02)	0.101*** (3.96)
Manshare	0.078 (0.28)	0.086 (0.31)	0.122 (0.38)	0.133 (0.41)	0.435 (1.34)	0.458 (1.42)
Fund	-0.035 (-0.16)	-0.021 (-0.09)	0.072 (0.28)	0.085 (0.33)	0.396 (1.50)	0.428 (1.63)
Constant	-10.231*** (-10.68)	-9.891*** (-10.42)	-10.625*** (-9.97)	-10.383*** (-9.76)	-10.977*** (-9.74)	-10.782*** (-9.59)
Observations	813	813	727	727	666	666

注：括号内为 t 统计值，*、**、*** 分别表示在10%、5%和1%的水平上显著。

4.6.2 Heckman 两阶段回归

考虑到本研究还可能存在样本的自选择问题导致的内生性，具体而言，ICT 资本是一种资本体现型技术进步，选择 ICT 投入的企业可能本身的自主创新能力相对较高，并且对于进行 ICT 投资的企业，才能够观测到 ICT 对企业自主创新水平的影响，而对于没有 ICT 投资的企业则无法进行观测。因此，本研究采用 Heckman 两阶段模型进行检验：首先，选择企业年龄、规模、资产负债率、净资产收益率、流动比率、现金流、企业市值、高管持股比例、机构投资者持股比例和年度作为协变量估计上市企业选择投入 ICT 资产的概率。其次，计算逆米尔斯比率（IMR），将其作为调整选择性内生性问题的控制变量进行第二阶段回归。表 4-12 报告了 Heckman 两阶段回归结果，在第二阶段的回归结果中，可以看出 ICT 投入（ln*ICT*）、硬件（ln*Hard*）和软件（ln*Soft*）投入的系数均显著为正，这说明在考虑了样本的自选择问题之后，本研究的核心结论仍然成立。

表 4-12　Heckman 两阶段的回归结果

被解释变量	(1) $\ln Patent$	(2) $\ln Patent$	(3) $\ln f1 Patent$	(4) $\ln f1 Patent$	(5) $\ln f2 Patent$	(6) $\ln f2 Patent$
$\ln ICT$	0.137*** (4.90)		0.058** (2.58)		0.077*** (4.45)	
$\ln Hard$		0.105*** (4.59)		0.058* (1.73)		0.074*** (3.33)
$\ln Soft$		0.050*** (2.87)		0.031* (1.79)		0.039*** (3.64)
$Mill$	0.080 (0.09)	0.137 (0.14)	1.167 (1.35)	1.136 (1.33)	0.583** (2.37)	0.629** (2.47)
Age	0.340*** (2.88)	0.335*** (3.00)	0.200** (2.10)	0.199** (2.14)	0.247* (1.66)	0.241* (1.65)
$SIZE$	0.236*** (6.77)	0.222*** (6.28)	0.373*** (13.62)	0.349*** (13.96)	0.325*** (7.49)	0.298*** (7.01)
LEV	-0.116 (-0.98)	-0.108 (-0.96)	-0.216** (-2.24)	-0.206** (-2.13)	-0.419*** (-2.93)	-0.404*** (-2.86)
ROE	-0.881*** (-3.10)	-0.864*** (-2.93)	-1.111*** (-9.45)	-1.081*** (-7.91)	-0.840*** (-5.80)	-0.803*** (-5.75)
$CURRENT$	-0.008 (-1.39)	-0.007 (-1.23)	-0.018*** (-3.66)	-0.016*** (-3.03)	-0.014** (-2.23)	-0.012** (-2.00)
CFO	0.182 (0.98)	0.167 (0.91)	0.292 (1.55)	0.279 (1.44)	0.330* (1.72)	0.311* (1.65)
$Tobinq$	-0.039*** (-2.84)	-0.038*** (-2.80)	-0.018 (-1.15)	-0.018 (-1.14)	0.008 (0.67)	0.009 (0.69)
$Manshare$	0.649*** (7.11)	0.641*** (7.06)	0.912*** (5.86)	0.904*** (5.71)	0.562*** (5.17)	0.564*** (4.94)
$Fund$	0.382*** (2.68)	0.380*** (2.68)	0.636*** (4.00)	0.631*** (3.99)	0.524*** (3.77)	0.531*** (3.89)
$Constant$	-7.952*** (-10.17)	-7.808*** (-10.09)	-9.312*** (-11.04)	-9.247*** (-10.44)	-8.360*** (-7.17)	-8.307*** (-7.16)
$Observations$	5597	5597	4937	4937	4215	4215
$Within-R^2$	0.308	0.309	0.303	0.304	0.261	0.262

注：括号内为 t 统计值，*、**、*** 分别表示在 10%、5% 和 1% 的水平上显著。

4.6.3 政策外生冲击

2016年7月,国务院发布了《国家信息化发展战略纲要》(以下简称《纲要》),该文件是国家战略体系的重要组成部分,也是信息化领域规划、政策制定的重要依据。《纲要》对如何以信息化驱动现代化、如何加快释放信息化发展的巨大潜能引领经济发展进行了全面部署,同时也为信息化发展和建设网络强国的全面推进奠定了制度基础。《纲要》的提出不仅有利于加快中国的信息化、数字化、智能化转型,培育新的经济动能,建立相应的激励机制,还鼓励积极参与信息化建设,充分运用ICT实现创新发展。事实上,《纲要》的颁布很可能会诱导企业加大ICT资本的投资力度。因此,本研究推测,ICT投入对企业自主创新的促进效应可能在《纲要》颁布之后更明显。

为检验《纲要》对ICT促进企业自主创新的影响,本研究在式(4.1)上引入ICT投入与《纲要》的交叉项($\ln ICT \times Post$),并在式(4.2)的基础上逐一引入硬件投入($\ln Hard$)以及软件投入($\ln Soft$)与变量$Post$的交叉项。当公司年度在2016年及其后时,$Post$取1,否则取0。回归结果见表4-13,可以看出交叉项$\ln ICT \times Post$、$\ln Hard \times Post$、$\ln Soft \times Post$与企业自主创新的系数均显著为正,表明ICT投入对企业自主创新的促进效应在《纲要》颁布之后更明显,从侧面说明本研究基准结果的稳健性。

表4-13　　　　　　政策外生冲击的回归结果1

被解释变量	(1)	(2)	(3)
	$\ln f1Patent$	$\ln f1Patent$	$\ln f1Patent$
$\ln ICT\_Post$	0.084** (2.54)		
$\ln ICT$	0.047** (2.20)		
$\ln Hard\_Post$		0.079** (2.48)	
$\ln Soft\_Post$			0.062*** (2.78)

续表

被解释变量	(1)	(2)	(3)
	$\ln f1Patent$	$\ln f1Patent$	$\ln f1Patent$
$\ln Hard$		0.046 (1.55)	0.059* (1.80)
$\ln Soft$		0.031* (1.82)	0.025 (1.22)
$Post$	-0.857 (-1.32)	-0.782 (-1.28)	-0.345 (-0.89)
Age	0.272** (2.33)	0.271** (2.39)	0.265** (2.32)
$SIZE$	0.371*** (12.00)	0.349*** (12.66)	0.346*** (13.27)
LEV	-0.254** (-2.53)	-0.242** (-2.41)	-0.256*** (-2.60)
ROE	-1.180*** (-8.63)	-1.165*** (-8.39)	-1.091*** (-8.65)
$CURRENT$	-0.021*** (-4.09)	-0.020*** (-3.47)	-0.019*** (-3.51)
CFO	0.397** (2.22)	0.385** (2.11)	0.381** (2.07)
$Tobinq$	-0.027** (-2.25)	-0.027** (-2.12)	-0.025* (-1.88)
$Manshare$	0.720*** (6.79)	0.723*** (6.49)	0.752*** (6.43)
$Fund$	0.525*** (3.28)	0.522*** (3.24)	0.537*** (3.27)
$Constant$	-8.876*** (-10.53)	-8.863*** (-10.16)	-8.936*** (-9.92)
$Observations$	4937	4937	4937
$Within-R^2$	0.306	0.307	0.307

注：括号内为 t 统计值，*、**、*** 分别表示在10%、5%和1%的水平上显著。

此外,《纲要》的颁布对决定信息化水平的信息产业提出了更高要求。目前,中国的信息化建设正处于从跟跑并跑向并跑领跑转变的关键时期,如果要培育达到国际先进水平的核心技术,并充分实现 ICT 对经济社会发展的推动,最重要的是促进 ICT 企业自主创新能力的提高。因此,本研究认为在《纲要》颁布之后,ICT 企业的自主创新能力会有所提高,并且 ICT 企业的 ICT 投入对自主创新的促进效应在《纲要》之后应该更明显。基于此,本研究参考 DID 的思路,构建式(4.9)和式(4.10)进行检验:

$$\ln Patent_{i,t+1} = \alpha_0 + \sigma_1 Post_{i,t} \times Treat_{i,t} + Controls_{i,t} + \sum Year_t$$
$$+ \sum Industry_i + e_{i,t} \quad (4.9)$$

$$\ln Patent_{i,t+1} = \alpha_0 + \lambda_1 Post_{i,t} \times Treat_{i,t} \times \ln ICT_{i,t} + \lambda_2 Treat_{i,t} \times \ln ICT_{i,t}$$
$$+ \lambda_3 Post_{i,t} \times \ln ICT_{i,t} + \lambda_4 Post_{i,t} \times Treat_{i,t} + \lambda_5 \ln ICT_{i,t}$$
$$+ Controls_{i,t} + \sum Year_t + \sum Industry_i + e_{i,t} \quad (4.10)$$

其中,当公司属性为 ICT 行业时,变量 $Treat$ 取 1,否则 $Treat$ 取 0;控制变量的选择同式(4.1)。根据表 4-14 中第(1)列的回归结果,可以看到变量 $Post$ 与变量 $Treat$ 的交叉项($Post \times Treat$)的回归系数在 1% 的水平上显著为正,说明 ICT 行业的企业自主创新能力在《纲要》颁布之后有所提高,国家政策对企业的信息化创新发展具有强烈的指引效果和支持作用;表 4-14 中第(2)列中,交叉项 $Treat \times Post \times \ln ICT$ 的系数也显著为正,表明在《纲要》颁布之后,ICT 企业的 ICT 投资对自主创新能力的提高发挥了积极作用,这也进一步说明 ICT 投资能够提高企业的自主创新水平,证实了本研究基准结果的稳健性。

表 4-14　　　　　　　　政策外生冲击的回归结果 2

被解释变量	(1)	(2)
	$\ln f1Patent$	$\ln f1Patent$
$Treat\_Post$	0.144*** (3.84)	-1.223* (-1.66)
$Treat\_Post\_\ln ICT$		0.066* (1.73)

续表

被解释变量	(1) ln f1Patent	(2) ln f1Patent
Treat_lnICT		0.094* (1.93)
Post_lnICT		0.063*** (2.61)
lnICT		0.014 (0.80)
Age	0.277** (2.38)	0.245** (2.17)
SIZE	0.418*** (11.35)	0.359*** (12.20)
LEV	-0.229** (-2.28)	-0.222** (-2.07)
ROE	-1.295*** (-8.32)	-1.199*** (-8.80)
CURRENT	-0.018*** (-3.85)	-0.019*** (-3.60)
CFO	0.404** (2.28)	0.399** (2.25)
Tobinq	-0.018 (-1.07)	-0.028** (-2.20)
Manshare	0.825*** (6.36)	0.704*** (7.01)
Fund	0.612*** (3.59)	0.562*** (3.48)
Constant	-9.190*** (-9.61)	-8.460*** (-10.57)
Observations	4946	4946
Within-R^2	0.303	0.308

注：括号内为 t 统计值，*、**、*** 分别表示在10%、5%和1%的水平上显著。

4.6.4 更换变量

本研究进一步采用更换企业自主创新的衡量方式进行稳健性检验。由于专利包括发明专利、实用新型专利和外观设计专利 3 种类型,并且存在申请和获得专利数量这两种统计口径,在研发主体上还区分了独立或联合研发。因此,本研究选择公司当年申请的发明专利数量（ln$Patent$1）、当年独立获得的专利总数（ln$Patent$）以及当年获得的专利总数①（ln$Patent$3）加 1 的自然对数作为企业自主创新能力的代理变量,对式（4.1）和式（4.2）重新进行估计。从表 4-15 的结果可以看出,ICT 投入（lnICT）、硬件（ln$Hard$）和软件（ln$Soft$）投入与不同衡量方式下的企业自主创新能力（ln$Patent$1、ln$Patent$、ln$Patent$3）的回归系数均显著为正,表明本研究的核心结论依然稳健。

表 4-15　　更换变量的回归结果

被解释变量	(1) ln$f1Patent$1	(2) ln$f1Patent$1	(3) ln$f1Patent$3	(4) ln$f1Patent$3	(5) ln$f1Patent$4	(6) ln$f1Patent$4
lnICT	0.133*** (4.66)		0.087*** (3.81)		0.109*** (3.15)	
ln$Hard$		0.149*** (4.39)		0.099*** (2.78)		0.117*** (3.09)
ln$Soft$		0.021* (1.70)		0.028* (1.86)		0.043*** (3.43)
Age	0.397*** (5.22)	0.397*** (5.45)	0.053 (0.41)	0.048 (0.37)	0.163* (1.66)	0.155 (1.61)
$SIZE$	0.395*** (12.95)	0.373*** (14.18)	0.451*** (22.75)	0.424*** (16.69)	0.384*** (11.60)	0.348*** (8.90)
LEV	0.092 (0.48)	0.103 (0.53)	-0.151 (-1.36)	-0.138 (-1.21)	-0.006 (-0.04)	0.013 (0.09)

---

① 企业当年获得的专利总数为企业当年独立获得和联合获得的专利数之和。

续表

被解释变量	(1) ln f1Patent1	(2) ln f1Patent1	(3) ln f1Patent3	(4) ln f1Patent3	(5) ln f1Patent4	(6) ln f1Patent4
ROE	0.239 (0.90)	0.241 (0.97)	-0.249 (-1.11)	-0.228 (-1.06)	-0.079 (-0.28)	-0.046 (-0.17)
CURRENT	0.011* (1.68)	0.013* (1.83)	-0.018*** (-5.32)	-0.017*** (-4.83)	-0.016*** (-3.22)	-0.014*** (-2.61)
CFO	-0.047 (-0.26)	-0.071 (-0.41)	-0.518*** (-3.32)	-0.534*** (-3.45)	-0.508*** (-3.42)	-0.527*** (-3.58)
Tobinq	0.014 (1.40)	0.014 (1.47)	-0.011* (-1.69)	-0.011 (-1.63)	-0.017** (-2.17)	-0.016** (-2.14)
Manshare	0.402*** (2.64)	0.399** (2.58)	0.120 (0.90)	0.121 (0.90)	0.168 (1.50)	0.167 (1.54)
Fund	0.263*** (3.50)	0.249*** (3.21)	0.177 (1.55)	0.174 (1.63)	0.178** (2.18)	0.177** (2.21)
Constant	-10.736*** (-15.27)	-10.820*** (-15.71)	-9.573*** (-14.68)	-9.588*** (-13.47)	-8.792*** (-9.95)	-8.778*** (-9.42)
Observations	5869	5869	6172	6172	6309	6309
Within-R^2	0.287	0.289	0.266	0.268	0.286	0.288

注：括号内为 t 统计值，*、**、*** 分别表示在10%、5%和1%的水平上显著。

4.7 本章小结

为了研究ICT投入对企业自主创新能力的影响及其具体的作用机制，本研究选取了2009~2019年中国沪深A股非金融类上市公司为研究样本，全面探讨了企业ICT投入与自主创新之间的关系。研究结果发现：第一，企业的ICT投资能够提高企业的自主创新水平，具体表现在提高企业的发明专利获得数量，并且从软件和硬件两个ICT的主要组成部分分别来看，其对企业自主创新的促进效果依旧存在。第二，结合地区市场化程度以及企业的不同性质进行异质性检验发现，企业的ICT投入对企业自主创新的效果在规模较大、国有企业以及市场化程度较高地区的企业中更为明显。第三，本研究分别从 ICT 行业和非 ICT 行业分析信息化对企业自主创新的影响机制，发现 ICT 行业的企业能够通过提高企业的研发水平，改善劳动力技能结构来实现 ICT 对自主创新的促进作用，而非 ICT 行业的企业 ICT 投入主要通过降低企业的交易费用并提高企业的代理效率来实现自主创新水平的提升。

第 5 章

信息通信技术对劳动生产率增长的影响

ICT 对中国经济的高质量增长具有重要作用,而提高生产率是实现高质量增长的主要效率路径。因此,本章参考增长核算框架构建了理论模型,并且在分析中首次考虑到由于软件与硬件的互补性导致的 ICT 资本内部结构的变动。基于对中国 ICT 资本存量水平的测算,本章从多个角度统计描述了中国 ICT 资本水平的特征,并且运用系统 GMM 估计方法对理论结果进行了实证检验和进一步的讨论。

5.1 问题的提出

20 世纪 80 年代以来,信息通信技术(ICT)的快速发展和广泛应用引起了一场新的全球性科技革命。作为经济增长和社会发展的新引擎,ICT 催生了各种新业态和新模式,人们的生产和生活方式也发生了翻天覆地的变化。从经济学属性的角度来看,ICT 是继蒸汽机和发电机之后的一种"通用目的技术"(General Purpose Technology,GPT)。通常来看,GPT 具有四个方面的一般性特征:带来改进的机会;可广泛应用于各领域;与现有或潜在的技术互补;有效使用需要付出努力或投资(Bresnahan and Trajtenberg,1995)。这些特征意味着 ICT 在使用初期并不会对生产率产生明显的促进作用,这一现象被称为"生产率悖论"(Solow,1987)。20 世纪 90 年代,美国主流文献肯定了 ICT

对"新经济"时期的生产率复苏做出的重要贡献,对于"生产率悖论"现象的原因,主要提出了"滞后效应"(David,1990)、"资本存量不足"(Oliner and Sichel,1994)、"测量偏误"(Brynjolfsson,1993)、"替代效应"(Jorgenson and Stiroh,1999)和"调整成本"(Hobijn and Jovanovic,2001)等直观解释。与此同时,很多研究也发现ICT对不同经济体的增长贡献存在差异,基础设施、人力资本、组织管理、制度环境等互补性要素水平的不同是导致差异存在的重要因素(Brynjolfsson and Hitt,2000;Dewan and Kraemer,2000;Bresnahan et al.,2002;Lee et al.,2005;Dedrick and Kraemer,2013)。

然而,从现有研究来看,ICT资本内部固有的互补性,即软件与硬件之间的互补性尚未受到相关研究的重视。硬件和软件是ICT的两大组成部分,二者之间的互补性是教科书中的经典案例(Williamson,2013)。考究常见的ICT设备即计算机的技术发展史,可以发现软件与硬件是替代弹性很小的两种子系统,并且在硬件技术不断进步的背景下,软件的持续广泛应用才使得计算机硬件的使用属性得以拓展、使用效率得以提高。此外,技术史资料进一步表明,"'硬件'的成本在逐步下降。20世纪50年代初,软件费用占全部系统费用的5%~10%;到1970年,软件费用则达到总费用的70%左右。由于计算机硬件的费用在持续稳步下降,如能得到较便宜的软件,低效率地利用硬件也可能是值得的"(马杰里森,2004)。由此可见,软件投资的重要性会不断超越硬件(Jorgenson,2001),随着软件的不断投入和积累,ICT资本的内部结构也会随之发生变化,而这种结构变化是否会影响生产率的增长值得思考。因此,在分析ICT资本投入影响中国劳动生产率增长的同时[①],本研究也首次从要素互补性的角度考虑到ICT资本内部结构的变动带来的影响。

本研究的创新主要体现在4个方面:第一,本研究首次探讨了ICT资本内部的互补性对生产率的影响。现有文献较多地讨论了ICT资本深化程度对生产率的影响,也有一些研究从管理资本或人力资本等方面进行机制分析,但是对于ICT资本内部结构导致的互补性尚未涉及。本研究以软件与硬件的资本存量

[①] 之所以关注ICT资本对劳动生产率的影响而不是其对全要素生产率的影响,是由于二者在变化趋势上呈现出一致性,但前者的理论关系更为清晰、直接。

比值来度量互补性程度，Jorgenson（2001）对美国 ICT 资本存量的度量以及本研究对中国 ICT 资本存量的度量结果均表明，软硬件资本比值存在长期上升趋势。

第二，本研究对比了 ICT 投入对中国三次产业的生产率增长的影响，尤其对比了该影响在工业和服务业的差异。近几年来，中国在移动支付、网购、共享单车方面远远走在世界前列，但是在 2017 年国际电信联盟"信息通信技术发展指数（IDI）"的世界综合排名中仅处于 176 个经济体中的第 80 位，ICT 的综合实力还存在较大的提升空间。这意味着，ICT 在中国的应用和再创新主要发生在服务业乃至最终的消费端，工业和农业领域的信息化水平其实相对落后。

第三，本研究在 ICT 资本存量的核算方法中采用了一些新处理。相对于其他资本来说，ICT 资本平均服务寿命较短，核算方法的选择偏误造成的影响会更大。目前大多数文献采用"全周期"下的几何效率—同时退出核算模式进行测量，几何效率模式下的测算简便，但该模式下的资产生产效率每年以固定比例递减，说明资本在其使用初期的生产效率下降得最多，从直观上讲并不合理；同时退出模式意味着同类资产中的所有个体资产在达到平均服务寿命时一起退出生产，是"一种不合理的退出模式"（OECD，2009）；此外，"全周期"是假设上一期的投资全部进入当期的资本存量行列，这相当于默认投资一次性发生于上一期的最后时刻，这显然与现实不符。因此，本研究以"半周期"下的截断正态退出的双曲年龄—效率模式作为基本方法，考虑了现有文献忽略的"核算周期"问题。

第四，本研究使用世界投入产出数据库（WIOD）提供的中国投入产出数据核算中国全行业的 ICT 资本存量。现有相关研究采用的数据均来源于国内投入产出表，然而国内的投入产出表并非每年编制，数据缺失较多且需要大量插值（孙川，2013；蔡跃洲和张钧南，2015；王亚菲和王春云，2017）。无论采取何种差值估计方法，ICT 资本投资数据的可靠性都是令人质疑的。WIOD 提供了年度连续的投入产出数据，从而避免了对大多年份数据空缺的估计问题。

5.2 ICT 资本互补性与劳动生产率

本研究建立了一个类似于 Basu 等 (2003) 的模型①用以阐述软件和硬件互补性对劳动生产率变动的影响。假设生产函数为：

$$Y_t = A_t F(M(K_t^{ITS}, K_t^{ITH}), K_t^{NIT}, L_t) \tag{5.1}$$

其中 A_t 为技术进步项②，K_t^{ITS}、K_t^{ITH}、K_t^{NIT}、L_t 依次为 ICT 软件资本投入、ICT 硬件资本投入、非 ICT 资本存量和劳动投入，生产函数 $F(\cdot)$ 和 $M(\cdot)$ 都满足一次齐次。$M(K_t^{ITS}, K_t^{ITH})$ 刻画了软件资本和硬件资本两者相互配合对生产的影响。对于 $M(\cdot)$ 的函数的具体形式，本研究假定：①该函数是完全互补的生产函数。这一假设用以刻画软件和硬件之间的高度互补性。②硬件性能的提升是非连续的。硬件性能的提升主要取决于软件的进步，从芯片技术的发展历史来看，其在时间上以及制程工艺上都是非连续变化的。参考产品质量改进内生增长模型的做法，假定硬件质量阶梯的每一梯级效率提升系数为常数 γ，质量调整系数为 γ^T，其中 T 为所处的梯级，则 $\gamma^T \cdot K_t^{ITH}$ 为梯级质量调整的硬件资本投入。③长期中的硬件与软件能达到最优均衡，而短期内由于调整成本等原因硬件会存在低效利用的情况 (马杰里森，2004)。基于这些假设，$M(K_t^{ITS}, K_t^{ITH})$ 函数可表示为：

$$M(K_t^{ITS}, K_t^{ITH}) = \min\{m \cdot K_t^{ITS}, n \cdot \gamma^T \cdot K_t^{ITH}\} \tag{5.2}$$

其中，参数 m 和 n 均为正。以成本最小化问题或利润最大化问题解出上式的解，则确定了长期均衡时要素投入的比例关系：

$$\frac{K_t^{ITS}}{K_t^{ITH}} = \frac{n \cdot \gamma^T}{m} \tag{5.3}$$

上式表明，随着硬件梯级 T 的提高，长期均衡的软件硬件资本比值不断增

---

① 本研究中的模型与 Basu 等 (2003) 略有不同，后者刻画的是信息资本与管理资本之间的互补性，本研究刻画的是软件和硬件之间的互补性。

② 为了便于推导，本研究引入希克斯中性技术进步。以其他形式引入技术进步项，对结果影响不大 (参见 Basu et al., 2003)。

加。这实际上反映了硬件性能提升后可搭载、适配的软件逐步增多这一事实。但是在短期内,当硬件发展到某一质量阶梯时,硬件性能并不能被完全利用,因此假定初始仍是处于上一质量阶梯的最优软硬件资本比。

图 5-1 的等产量曲线描述了软硬件资本比的长期均衡与短期失衡。图 5-1 中的折线 NAY 为初始等产量曲线,假定初始时处于长期均衡状态,均衡点为 A 点。硬件性能提升后,新的等产量曲线为 CY'',新的长期均衡点为 C 点。OA 和 OC 的斜率反映了软件与硬件的资本存量比值。可以看到,OC 的斜率高于 OA,这表明随着硬件质量梯级的提升,同一物理数量的硬件可搭载、适配的软件增多,长期均衡的软硬件资本比增加。但是该系统不会立刻实现新的均衡,随着人们对硬件性能的认知增强,硬件搭载的软件在原有基础上逐渐增加,如图 5-1 中的软件水平由 A 增加到 B,这时硬件虽然仍然没有被充分利用,但是其利用效率提升了。这个过程一直持续到图 5-1 的 C 点,即新的长期均衡软硬件资本比。当然,在短期调整的过程中,软硬件资本比也是逐步上升的。

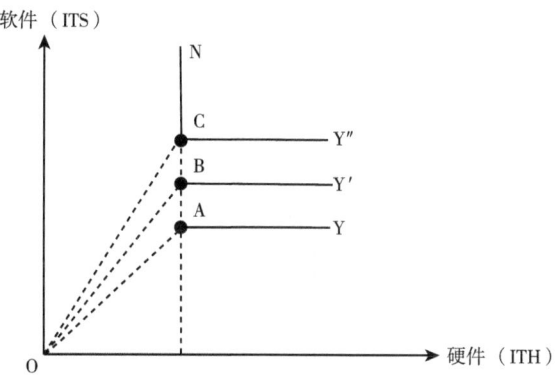

图 5-1 ICT 软件与 ICT 硬件的互补性:等产量曲线

以上分析表明,$M(\cdot)$ 函数的值取决于硬件和软件资本的比例关系,因此可以将 $M(\cdot)$ 函数改写为如下形式:

$$M(\cdot) = K_t^{IT} G(\mu) \tag{5.4}$$

其中,μ 为 ICT 软硬件资本存量比值且 $G'(\mu) > 0$,则式 (5.1) 可改写为:

$$Y_t = A_t F(K_t^{IT} G(\mu), K_t^{NIT}, L_t) \tag{5.5}$$

由此可得劳动生产率为:

$$y_t \equiv Y_t/L_t = A_t F(K_t^{IT} G(\mu), K_t^{NIT}, L_t)/L_t = A_t f(k_t^{IT} G(\mu), k_t^{NIT}) \tag{5.6}$$

其中，$f(\cdot)$ 是原函数 $F(\cdot)$ 的集约形式。对式（5.6）取对数并对时间求导，可得劳动生产率的变动率为：

$$\begin{aligned}\frac{\dot{y}_t}{y} &= \frac{\dot{A}_t}{A_t} + \frac{f_2 \cdot \dot{k}_t^{NIT}}{f} + \frac{f_1 \cdot [G(\mu) \cdot \dot{k}_t^{IT} + k_t^{IT} \cdot G'(\mu) \cdot \dot{\mu}]}{f} \\ &= \frac{\dot{A}_t}{A_t} + \frac{f_2 \cdot k_t^{NIT}}{f} \cdot \frac{\dot{k}_t^{NIT}}{k_t^{NIT}} + \frac{f_1 \cdot G(\mu) \cdot k_t^{IT}}{f} \cdot \frac{\dot{k}_t^{IT}}{k_t^{IT}} + \frac{f_1 \cdot k_t^{IT} \cdot G(\mu)}{f} \cdot \frac{G'(\mu)}{G(\mu)} \cdot \dot{\mu}\end{aligned}$$
$$\tag{5.7}$$

由式（5.7）可看出，劳动生产率的增长分为四个来源：技术进步、非 ICT 资本存量的变动、ICT 资本存量的变动和 ICT 资本存量中软件硬件资本比的变动。

5.3 ICT 资本存量核算方法

与其他资本类似，ICT 生产性资本存量的核算以年龄—效率剖面为起点，大致的核算流程如图 5-2 所示，其中涉及 4 个方面的核心概念和方法数据的选择。

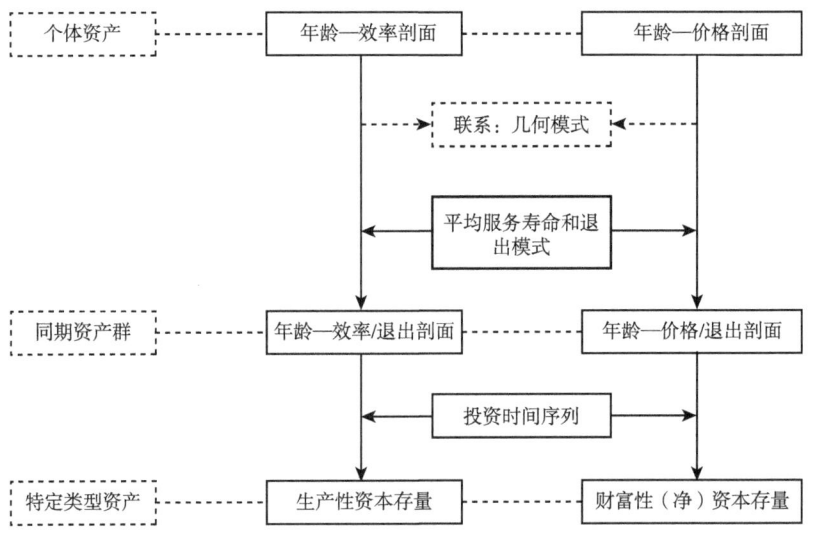

图 5-2 ICT 生产性资本存量核算流程

第一，个体资产的年龄—效率剖面。

年龄—效率剖面描述的是个体资产的生产效率与使用年限之间的函数关系。常见模式有（无限）几何效率模式和双曲效率模式。本研究基本方法采用双曲效率模式，其效率函数用 g_n 表示为：

$$g_n = \frac{T-n}{T-b \cdot n} (0 < n \leqslant T) \tag{5.8}$$

其中，T 为资产的平均服务寿命，b 为效率缩减参数，机器设备以及软件在该模式下的年龄－效率剖面凹向原点，即表示在资产投入使用的初始阶段效率下降较少。参考相关文献（OECD，2009；孙川，2013；蔡跃洲和张钧南，2015）的做法，本研究将参数 b 取值为 0.5。为了比较不同方法造成的核算结果差异，本研究也采用了几何效率模式，其效率函数 g_n 为：

$$g_n = (1-\delta)^n \tag{5.9}$$

其中，δ 为几何折旧率。

第二，同期资产群的年龄—效率/退出剖面。

在生产过程中，由于使用强度、维护状况等情况的不同，即使是同期投资形成的同质资产（即同期资产群 Cohort），其不同个体的实际服务寿命也并非完全相同，因此需要估计或推测该类资产的平均服务寿命以及各个资产个体在平均服务寿命附近退出生产的分布，也就是退出模式（或死亡函数）。钟形退出模式适用于大多数资产，该模式描述的是资产在平均服务寿命附近退出的比例最高，在达到平均服务寿命之前和之后的退出比例均呈现下降。为比较不同钟形退出模式带来的核算结果差异，本研究依次采用了 Weibull 分布、正态分布、对数正态分布三种函数形式，并参考蔡晓陈（2009）的做法对其进行截断处理①。

因此，综合考虑了退出因素的某一特定年份 ICT 投资的年龄—效率/退出剖面 h_n 为：

$$h_n = \sum_{T=n}^{TMAX} g_n(T) \cdot F_T (n = 0, 1, \cdots, TMAX) \tag{5.10}$$

---

① 具体的截断方法是将在平均服务寿命 50%～150% 之外的概率分布按比例加在平均服务寿命 50%～150% 之内的各个年份。各分布参数选择参见蔡晓陈（2009）与 OECD（2009）。

其中，$TMAX$ 是该类资产集合中最长的服务寿命。

第三，生产性资本存量。

在年龄—效率/退出剖面的基础上，运用永续盘存法（PIM）核算特定类型资产的生产性资本存量的一般性表达为：

$$K^t = \frac{1}{2}I^t + h_{0.5}I^{t-1} + h_{1.5}I^{t-2} + h_{2.5}I^{t-3} + K^0 \quad (5.11)$$

若为几何折旧模式，则其生产性资本存量可表示为：

$$K^t(geometric) = \frac{1}{2}I^t + \left(1 - \frac{\delta}{2}\right)\left[I^{t-1} + (1-\delta)I^{t-2} + (1-\delta)^2 I^{t-3} + K^0\right] \quad (5.12)$$

其中，$I^{t-i}, i \in [0, +\infty)$ 为不同时期该类资产的投资。与国内相关文献的做法不同的是（孙川，2013；蔡跃洲和张钧南，2015；王亚菲和王春云，2017），本研究中式（5.11）和式（5.12）均考虑了核算周期的选择问题，即平均而言当年的投资 I 在核算当期就有一半进入资本存量，而不是在下一期全部进入资本存量，对应的年龄—效率模式 h_n 也进行了相应的"半周期"调整。

相较于普通资本，ICT 资本的更新换代较快、平均服务寿命短，投资增长速度也更快。因此，核算周期的影响尤为重要，图 5-3 的数值模拟结果说明了这一点。假设初始资本存量为 0，第一期的投资为 1，几何折旧率为 15%，以后各年投资以不变速率增长。图 5-3 中的系列 1 和系列 2 分别为投资增长

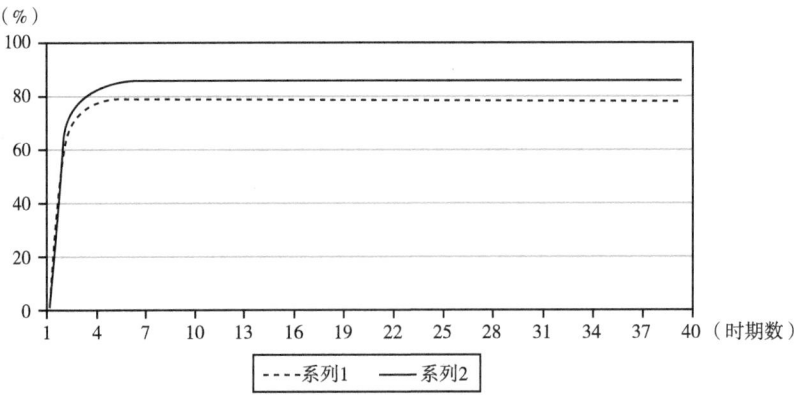

图 5-3　全周期与半周期核算结果差异比较

率为30%和50%时，全周期核算与半周期核算资本存量结果的比值。模拟结果显示，当投资增长速率为30%时，该比值在前6期内低于85%，此后缓慢增长到87%。当投资增长速率为50%时，该比值在第24期后稳定在80%。由此可见，投资增长越快，"全周期"较"半周期"核算结果差异越大。用类似的方法还可以比较得出，在其他因素相同的情况下，折旧率越高，短期内的全周期核算与半周期核算结果偏离越大。

第四，ICT资本投资序列、初始资本存量与平均服务年限。

本研究以WIOD数据库（2016版）中提供的中国投入产出表中的ICT生产行业（代码为C26和J62-J63）的固定资本形成总额分别作为硬件和软件投资序列，以WIOD数据库的SEA表中的价格指数将其转化为不变价（2010年=100），参考王亚菲和王春云（2017）的做法，再将其按照投入产出表中各个行业的中间使用比例分解到各个行业，由此得到各个行业的硬件和软件投资序列。

初始资本存量估计会在很大程度上影响核算的资本存量结果，为了尽可能准确获得初始资本存量信息，本研究基于2012版的WIOD数据库中提供的1995~1999年各行业的硬件固定资本形成总额（2010年=100），并仍然依据硬件的中间使用比例进行分配，同时以该时期的年均增长率将硬件投资数据前推至1988年。对于软件投资，WIOD数据库均未统计2000年以前的"计算机软件和信息技术服务业"的相关数据，因此，本研究利用2000~2005年各行业的软件投资的年均增长率估算出1994~1999年的软件投资数据。

关于平均服务年限，本研究依据财政部制定的《政府会计准则》[1]和国家企业所得税政策中的相关规定[2]，并参考Jorgenson和Stiroh（2000）和OECD

---

[1] 依据财政部制定的《政府会计准则》和若干省市自治区发布的《企业会计手册》等相关规定，ICT分行业资产的平均服务寿命归纳为：计算机4~10年，通信设备5~10年，软件5年左右。

[2] 2000年，国家税务部门关于《企业所得税税前扣除办法》中规定电子设备的最低折旧年限为5年，2008年实施的《中华人民共和国企业所得税法实施条例》中将电子设备的最低折旧年限缩短至3年，2012年国家财政部和税务部门《关于进一步鼓励软件产业和集成电路产业发展企业所得税政策的通知》中规定符合条件的企业外购的软件可以将其摊销年限最少缩短为2年。

资本测量手册（OECD，2009）以及国内相关研究中的设定①，将硬件和软件的平均服务寿命分别设为8年、3年，在用几何折旧模式进行核算时，将其折旧率分别设为15%、33%。

5.4 ICT资本核算结果

5.4.1 ICT资本存量核算基本结果

本研究运用半周期下的截断正态退出—双曲效率模式对2000~2014年中国42个行业②的ICT资本存量进行了核算，为了结果呈现得简洁，对部分行业进行了合并处理，表5-1中给出了代表性年份的核算结果。

由表5-1，可以看到ICT生产业（代码为C26和J62-J63）的硬件资本存量和软件资本存量均远高于其他行业，特别是对于ICT硬件生产行业——计算机、通信和其他电子设备制造业（代码为C26），其硬件资本存量和软件资本存量分别占制造业（代码为C）总体水平的8成和5成左右。从ICT使用业

---

① 孙琳琳等（2012）参考了Jorgenson和Stiroh（2000）、Oulton（2001）使用的美国折旧率数据，即计算机为25.4%、通信设备为11.5%、软件为31.5%。孙川（2013）参考了BEA以及国内《企业会计准则》及相关规定，将计算机、通信设备和软件的服务寿命分别设为4年、7.5年和5年。蔡跃洲和张钧南（2015）同时参考了Jorgenson和Stiroh（2000）以及OECD手册（2009）中日本的设定，将ICT资本的服务年限统一设为8年。王亚菲和王春云（2017）根据世界KLEMS数据库中美国的设定，将ICT硬件和ICT软件的折旧率均设为31.5%。

② WIOD数据库是按照国际行业标准分类（ISIC Rev 4.0）进行行业的划分，本研究中42个行业的行业名称与代码分别为：农、林、牧、渔业（A），采矿业（B），食品、饮料和烟草制造业（C10-C12），纺织服装、皮革、毛皮、羽毛及其制品制造业（C13-C15），木材加工业（C16），造纸业（C17），印刷业（C18），石油加工业（C19），化学原料和化学制品制造业（C20），医药制造业（C21），橡胶和塑料制品业（C22），非金属矿物制品业（C23），金属冶炼和压延加工业（C24），金属制品业（C25），计算机、通信和其他电子设备制造业（C26），电气机械和器材制造业（C27），机械设备制造业（C28），汽车制造业（C29），其他运输设备制造业（C30），家具制造和其他制造业（C31-C32），电力、热力、燃气及水生产和供应业（D-E），建筑业（F），批发业（G46），零售业（G47），陆路运输和管道运输业（H49），水上运输业（H50），航空运输业（H51），其他运输辅助活动（H52），邮政业（H53），住宿和餐饮业（I），信息传输服务业（J61），计算机软件和信息技术服务业（J62-J63），金融业（K），房地产业（L68），商务服务业（M69-M70），科学研究和试验发展（M72），专业技术服务和科技推广应用服务业（M74-M75），行政和辅助服务活动（N），公共管理、社会保障和社会组织（O84），教育（P85），卫生和社会工作（Q），文化、体育、娱乐业和其他服务活动（R-S）。

来看,电气机械和器材制造业(C27)、机械设备制造业(C28)、电力、热力、燃气及水生产和供应业(D-E)、商务服务业(M69-M70)、科学研究和技术服务业(M)的硬件资本水平较高,而金融业(K)、电力、热力、燃气及水生产和供应业(D-E)、信息传输服务业(J61)和批发零售业(G)的软件资本水平较高。由此可见,ICT资本投资较多的行业大多数为服务业行业,但这也从侧面反映出ICT资本存量水平在服务业行业之间的差距更大、分散度更高。此外,本研究发现大多数ICT使用行业的软件资本积累在2000~2014年呈现出几十倍甚至几百倍的增长,而其硬件资本积累在同期的增长非常缓慢。

表5-1 中国各行业代表性年份的ICT生产性资本存量核算结果 (单位:亿元)

行业代码	ICT 硬件资本存量				ICT 软件资本存量			
	2000 年	2005 年	2010 年	2014 年	2000 年	2005 年	2010 年	2014 年
A	16.95	28.06	21.13	12.44	0.05	0.91	7.99	3.56
B	90.98	149.98	231.43	255.99	1.15	12.93	113.15	264.38
C①	3349.92	9242.23	18075.18	27628.04	57.36	387.41	2476.46	4484.67
C26	2386.21	7388.62	14609.47	22199.62	1.11	68.83	1140.81	2415.64
C27	148.51	470.80	1124.76	1916.07	16.09	61.70	128.07	134.42
C28	329.00	570.51	1184.76	1907.68	3.80	35.84	222.83	359.09
D-E	180.79	566.78	750.23	851.11	6.80	65.34	367.96	706.28
F	296.15	405.67	341.55	325.97	43.88	284.14	87.86	98.92
G②	381.92	428.72	234.12	278.50	114.39	250.56	146.91	402.77
H③	45.61	101.60	89.57	54.68	4.62	42.57	170.49	207.32
I	6.64	8.04	7.87	7.36	0.34	3.29	17.86	20.46
J61	170.79	522.38	541.44	429.84	2.15	62.58	328.08	518.53

① 制造业(C)包括:食品、饮料和烟草制造业(C10-C12),纺织服装、皮革、毛皮、羽毛及其制品制造业(C13-C15),木材加工业(C16),造纸业(C17),印刷业(C18),石油加工业(C19),化学原料和化学制品制造业(C20),医药制造业(C21),橡胶和塑料制品业(C22),非金属矿物制品业(C23),金属冶炼和压延加工业(C24),金属制品业(C25),计算机、通信和其他电子设备制造业(C26),电气机械和器材制造业(C27),机械设备制造业(C28),汽车制造业(C29),其他运输设备制造业(C30),家具制造和其他制造业(C31-C32)。
② 批发零售业(G)包括批发业(G46)和零售业(G47)。
③ 交通运输、仓储和邮政业(H)包括:陆路运输和管道运输业(H49),水上运输业(H50),航空运输业(H51),其他运输辅助活动(H52)和邮政业(H53)。

续表

行业代码	ICT 硬件资本存量				ICT 软件资本存量			
	2000 年	2005 年	2010 年	2014 年	2000 年	2005 年	2010 年	2014 年
J62 – J63	151.37	405.86	421.51	569.25	1.68	53.19	829.43	2586.82
K	97.25	123.11	43.97	22.40	22.17	236.92	942.83	1568.44
L68	25.88	31.81	45.06	26.48	1.39	5.56	7.50	15.70
M69 – M70	284.79	867.97	938.47	766.66	0.99	11.63	80.53	355.26
M[①]	58.71	225.16	491.13	786.97	0.35	5.40	15.91	52.51
N	4.60	15.98	31.09	40.75	0.06	1.15	45.18	162.40
O84	45.74	105.14	161.20	141.71	6.64	39.57	137.63	232.75
P85	68.18	168.42	282.96	317.35	7.18	32.50	115.60	199.49
Q	16.19	41.76	48.86	40.41	0.53	8.84	98.40	79.31
R – S	62.99	262.49	329.92	459.14	4.22	20.21	78.54	304.35

从 ICT 资本存量总量来看（如图 5-4 所示），中国的硬件资本存量在 2000~2014 年远高于软件存量水平。但是，随着信息化建设的不断推进，软件资本的积累在该时期实现了"从无到有"。根据表 5-1 的结果，可以发现硬件资本存量在 2000~2014 年仅仅增长了 5 倍，而软件资本存量增长了近 43

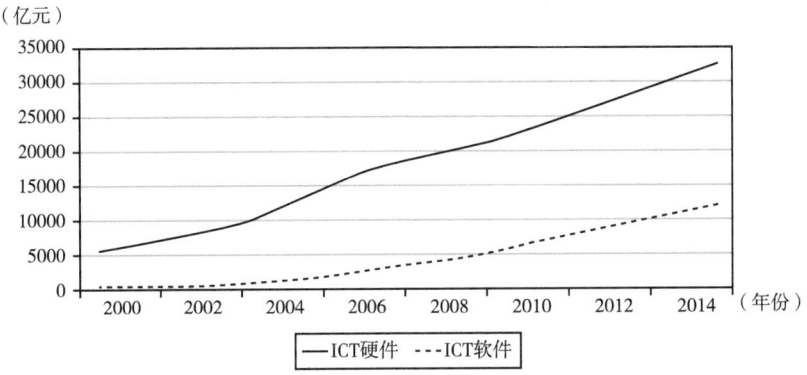

图 5-4 总体 ICT 资本存量

---

① 科学研究和技术服务业（M）包括科学研究和试验发展（M72）和专业技术服务和科技推广应用服务业（M74 – M75）。

倍。如果从增长率的变化情况来看（如图5-5所示），软件资本的增长率在2000~2014年一直位于硬件资本之上，在一些年份甚至超过了50%，总体呈现出先升后降的变化趋势。而同期的ICT硬件资本增长率则持续下降，特别是在2005年之后，硬件和软件资本的增长率都出现了明显的下滑。

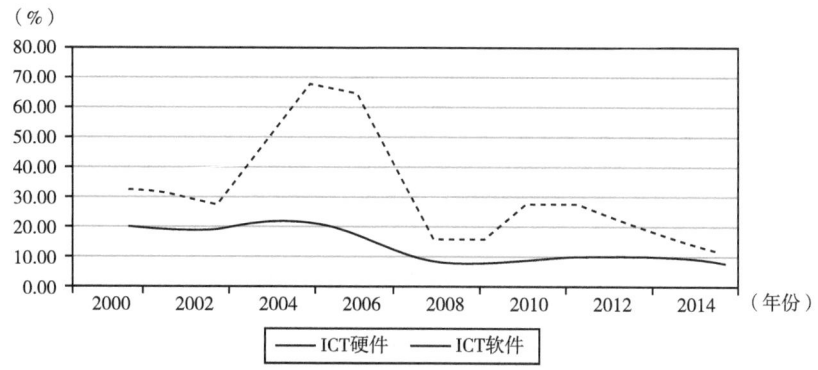

图5-5 总体ICT资本存量增长率

在图5-6和图5-7中，分别对比了2000~2014年中国三次产业的硬件和软件的资本存量水平。可以看到，工业的硬件资本存量在2000~2014年翻了近6番，并且一直高于服务业的硬件资本水平，由于后者的增速非常平缓，二者之间的差距也在不断扩大，由2000年的2.7倍增加至2014年的7倍。相

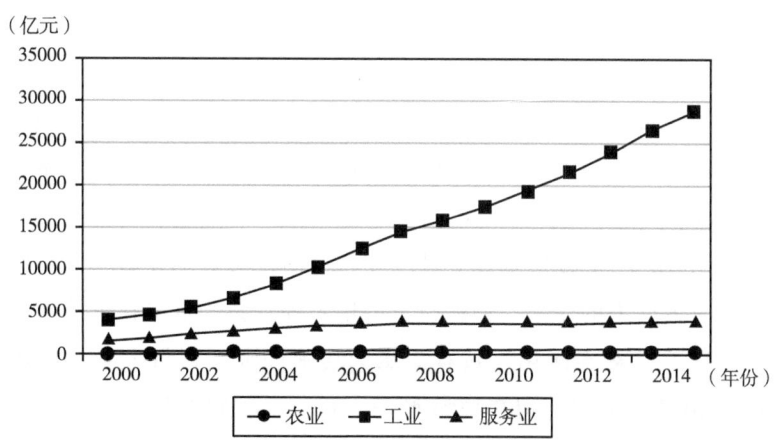

图5-6 三次产业的硬件资本存量对比

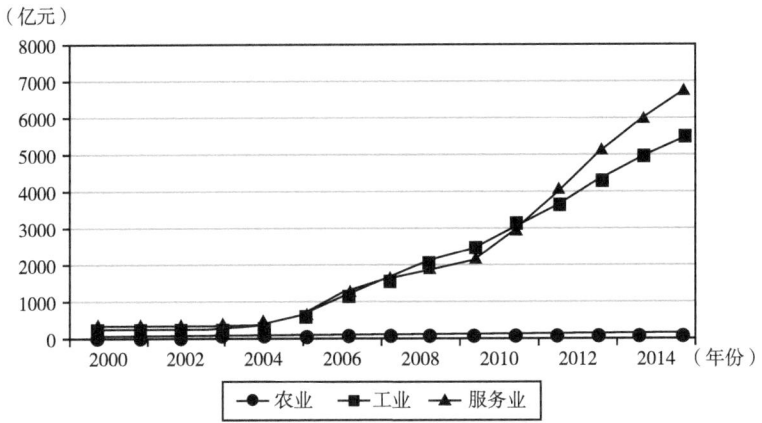

图 5-7 三次产业的软件资本存量对比

对于硬件资本，工业和服务业的软件资本存量在 2000 年均处于一个很低的水平，但在 15 年内分别增长了近 50 倍和 39 倍，说明软件资本的积累速度要比硬件资本快很多。此外，工业和服务业之间的软件资本水平的差距也相对较小。2010 年前，二者的软件资本呈现出几乎一致的变化情况，但在 2011 年，服务业的软件资本存量超过了工业并持续加速积累，使其与工业之间的差距明显增加。与工业和服务业相比，农业的 ICT 资本积累则一直处于接近零的水平。

5.4.2 ICT 资本密集度

资本密集度是影响生产率增长的重要变量，本研究从以下 3 个角度：劳均 ICT 资本存量、ICT 资本产出比和 ICT 资本占总资本的比重来度量和分析 ICT 资本密集程度。

图 5-8 和图 5-9 分别报告了硬件和软件的劳均资本存量。劳均资本存量是资本存量与劳动力的比值，如果投资的增长导致劳均资本存量不断上升，这就意味着出现了"资本深化"过程。从劳均硬件资本存量来看，农业和服务业在 2000~2014 年几乎停留在原始水平，而工业的硬件资本深化程度在持续加深；工业和服务业在这一时期的劳均软件资本存量则表现出相似的增长趋势，并且前者的软件资本深化程度略高于后者。图 5-10 和图 5-11 描述了

ICT 资本占总资本的比例的变化,发现工业和服务业的 ICT 硬件资本比例均表现为先增后减,但后者的峰值出现的时间比前者要早;此外,工业和服务业的 ICT 软件资本比例的变化与劳均 ICT 软件资本存量类似,也呈现出持续攀升的变化趋势,进一步说明二者在信息化的过程中都在不断"软化"。

图 5-12 和图 5-13 从 ICT 资本产出比的角度来分析中国三次产业的 ICT 资本密集水平。值得注意的是,相较于前两个指标,资本产出比更侧重于反映资本形成(相对于产出)的速度。如果资本的形成与产出保持一致的增长关系,那么资本产出比在长期中将维持稳定或下降的变化趋势;反之,资本产出比的不断上升则表明了资本的增长持续快于产出的增长。

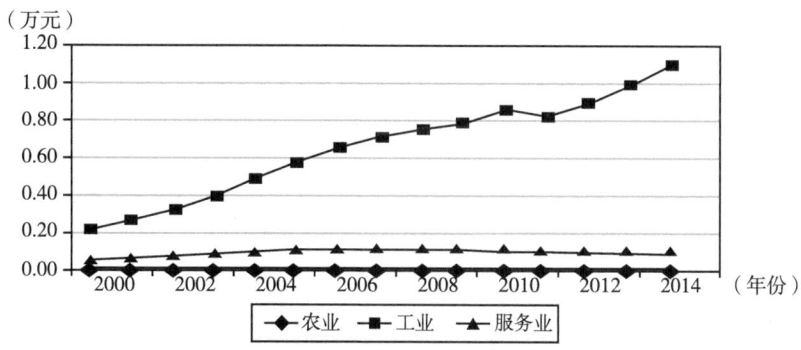

图 5-8 劳均硬件资本存量

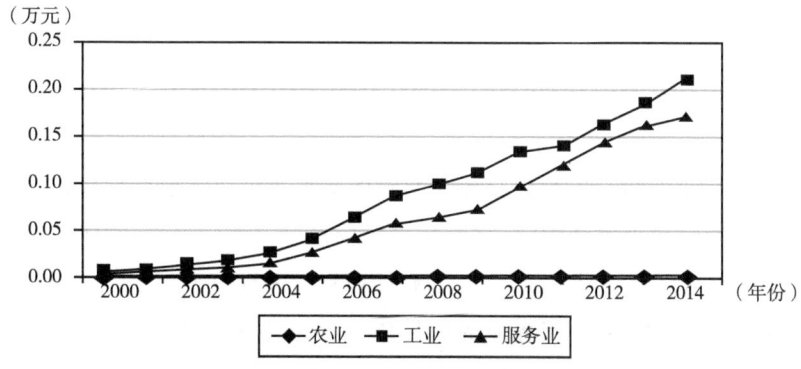

图 5-9 劳均软件资本存量

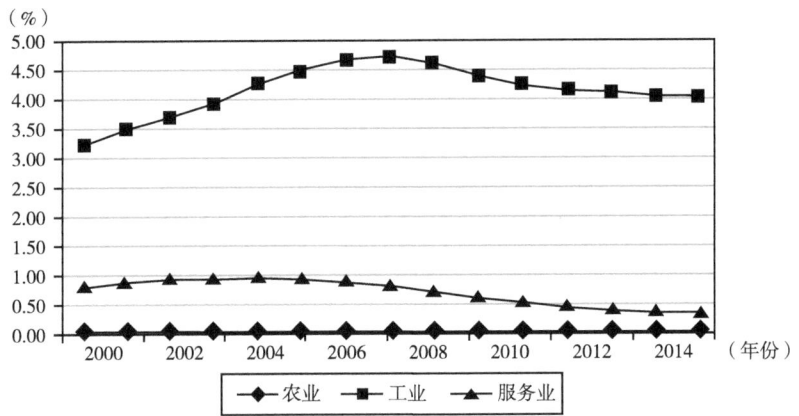

图 5-10 硬件资本占总资本的比重

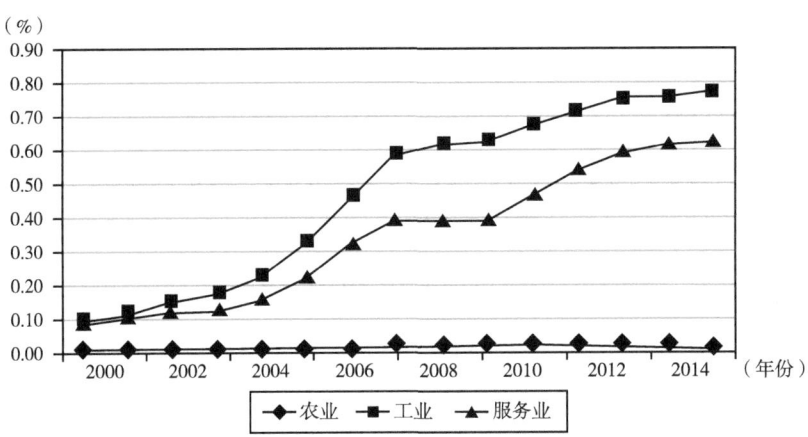

图 5-11 软件资本占总资本的比重

由图 5-12 可知，工业和服务业的硬件资本产出比在前期均呈现出上升的变化趋势，并且前者在 2010 年之后几乎保持稳定，而后者在 2004 年后不断下降，说明服务业的硬件资本形成已在不断减速，这与图 5-10 中的变化情况类似。但是，图 5-13 表明服务业的软件资本产出比在 2000~2014 年一直高于工业，并且在 2004 年后出现迅速增长。从理论上来讲，资本产出比的变动反映的是微观"生产方式"的变动（张军，2002），服务业的硬件资本产出比递减和软件资本产出比递增的同步出现，在一定程度上说明服务业的生产具有软件资本"粗放"增长的特征。与此同时,服务业可能存在"过度软化"问题。2000年,服务业的软件资本产出比大约为工业的2倍,但在2014年增长至工业的近4倍,由此可见软件资本在服务业的增长速度之快。

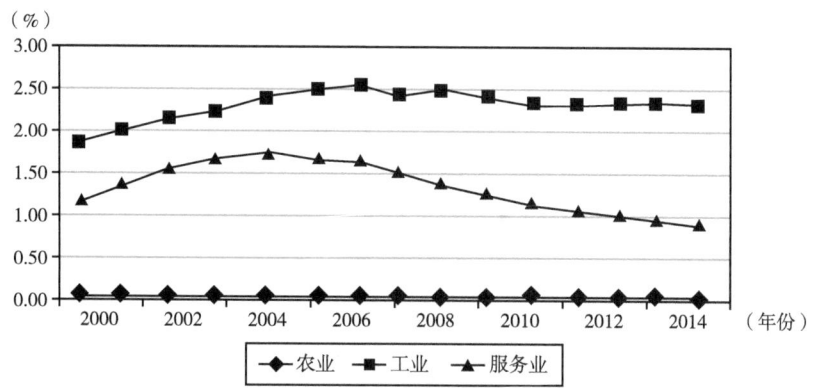

图5-12 硬件资本存量/产出

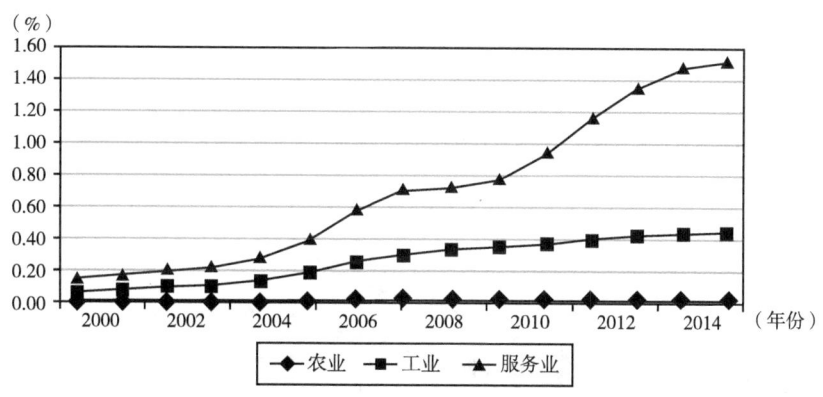

图5-13 软件资本存量/产出

5.4.3 ICT软硬资本比

本研究以软件与硬件的资本存量比值(以下简称ICT软硬资本比)来度量ICT资本内部结构的变化情况,同时也反映了二者之间的互补性程度。Jorgenson(2001)提出,软件的投资远比硬件重要,前者的产出对GDP的直接贡献也会在发展过程中逐渐高于后者，因此，ICT 软硬资本比也能够反映出软件相对于硬件的重要性。

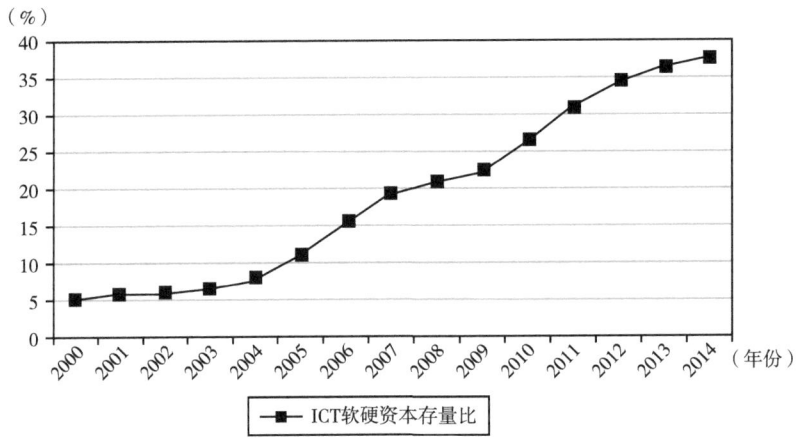

图 5-14　总体 ICT 资本内部结构

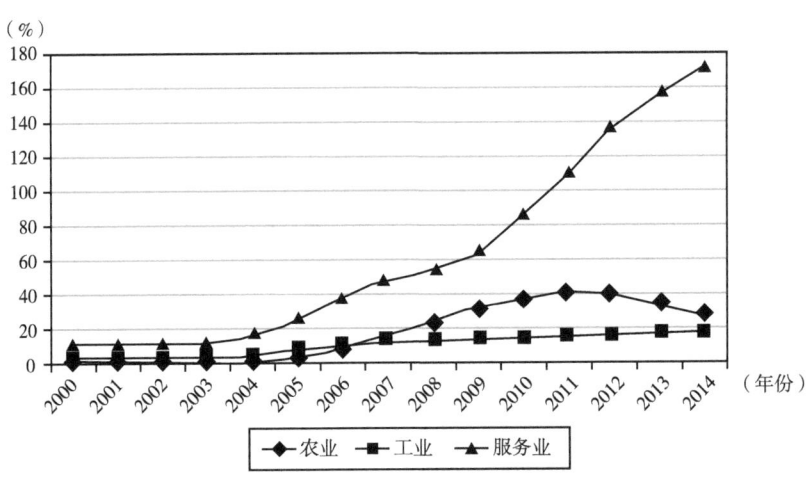

图 5-15　三次产业 ICT 资本内部结构

图 5-14 报告了 2000~2014 年中国整体的 ICT 软硬资本比的变化情况。可以看出，在这期间中国的 ICT 软硬资本比不断上升，从 2000 年的 5% 上升至 2014 年的近 37%。然而，根据 Jorgenson（2001）的研究结果，美国的 ICT 软硬资本比在 20 世纪 90 年代的平均水平已经高达 50% 以上，可见中国的 ICT 软

件投资还有很大的发展空间。此外，我们进一步发现中国三次产业的 ICT 软硬资本比也存在较大差异。如图 5-15 所示，相较于农业和工业，服务业的 ICT 软硬资本比比值较高、增速较快，甚至在 2011 年突破了 100%、在 2014 年达到了 170%，这意味着服务业的 ICT 软件资本已经远远超过了 ICT 硬件资本水平，"软化"的程度非常高。反观工业的 ICT 软硬资本比，其比值很低且增长平缓，从 2000 年的近 3% 增长至 2014 年的近 20%，工业机器人等智能化生产设备的核心技术和关键部件如控制系统、伺服机、驱动器等仍需进口（杜朝晖，2017），可见工业"重硬轻软"的情况非常严重，工业软件领域的投资和发展亟待提高。

5.5 实证方法

5.5.1 模型设定

为了检验 ICT 资本结构的变动对劳动生产率增长的影响，基于式（5.7）的分解结果，我们设定了如下动态面板计量模型：

$$\hat{y}_{it} = \alpha_0 + \alpha_1 \cdot \hat{y}_{it-1} + \alpha_2 \cdot struc_{it} + \alpha_3 \cdot \hat{ICT}_{it} + \alpha_4 \cdot \hat{NICT}_{it} + \alpha_5 \cdot \hat{ICT}_{it-1}$$
$$+ \alpha_6 \cdot \hat{NICT}_{it-1} + \beta \cdot \hat{X}_{it} + u_i + u_t + \varepsilon_{it} \tag{5.13}$$

其中，符号"^"代表增长率，y_{it} 表示行业 i 在时期 t 的劳均产出，反映行业劳动生产率的水平；$struc_{it}$ 为软件与硬件的资本存量比值，用来反映 ICT 资本内部结构；ICT_{it} 和 $NICT_{it}$ 分别表示 ICT 资本和其他非 ICT 资本的劳均资本水平；X_{it} 是控制变量集，包含文献中常提到的研发投入、人力资本投入和对外开放程度；u_i 是不可观测的行业固定效应，u_t 是年度虚拟变量，ε_{it} 是误差项。考虑到资本投入的滞后效应，本研究在模型中还引入了 ICT_{it-1} 和 $NICT_{it-1}$。此外，我们用对数差分的方式来构造所有解释变量与被解释变量的增长率，并在解释变量中引入被解释变量的滞后项 y_{it-1} 来处理内生性问题。y_{it-1} 的引入使模型成为典型的动态面板模型，因此，本研究以 Arellano 和 Bover（1995）、Blundell 和 Bond（1998）发展的系统 GMM 方法对模型进行估计，并通过压缩工具变量矩阵的方法来解决工具变量过多导致的过度估计问题。

5.5.2 数据说明

在本研究中，除了控制变量的数据来源于国内相关统计年鉴，其他变量均来源于 WIOD 数据库。由于国内行业分类标准与国际行业分类标准存在一些差异，因此，本研究将国内的行业相关数据按照 WIOD 数据库中行业总产出的比例进行拆分和合并，最终收集了全国 42 个行业在 2000~2014 年的数据。主要变量的测度方法与数据说明具体如下：

劳均产出（y）。劳均产出反映的是劳动生产率的平均水平，同时由于其与全要素生产率（TFP）具有相似的形态，为了计算简便也经常将其作为劳动生产率的代理变量（Stiroh，2002）。因此，本研究采用行业的劳均产出，即总产出与劳动力数量的比值来度量劳动生产率。总产出和劳动力的行业数据来源于 WIOD 数据库，其中各行业历年的总产出都折算为 2010 年不变价。

劳均非 ICT 资本存量（$NICT$）。劳均非 ICT 资本存量是非 ICT 资本存量与劳动力数量的比值，其中非 ICT 资本存量为总资本存量中扣除 ICT 资本的其余部分。本研究用固定资产投资价格指数将 WIOD 数据库中的行业总资本存量数据折算为 2010 年不变价，并减去上文中测算出的行业 ICT 资本存量，便得到了各个行业历年的非 ICT 资本存量数据。

研发投入（RD）。在本研究中，研发投入的增长率亦可作为式（5.7）中技术进步增长率的代理变量，我们以《中国科技统计年鉴》中的分行业 R&D 经费内部支出作为 R&D 投资序列，并参考江永宏和孙凤娥（2016）的研究将其折旧率设为 20.6%，用永续盘存法估算出 2000~2014 年中国农业、建筑业和服务业各行业的 R&D 存量；对于工业行业的相关数据，引用了林云（2015）的计算结果。

人力资本数量（HR）。参考大多数文献的做法，本研究用劳动力平均受教育年限来度量人力资本的数量，计算方法为：小学比重×6 + 初中比重×9 + 高中比重×12 + 大专及以上学历比重×16。数据来源于《中国劳动统计年鉴》中各行业的就业人员受教育程度构成，其中 2000~2001 年的分行业数据缺失，用 2002~2004 年的年均增长率进行估计。

对外开放程度（FDI）。中国的对外开放吸收了发达国家的技术扩散和知识溢出，很多经验研究也表明贸易往来和外商投资对生产率增长的作用不可忽视。因此，采用外商直接投资这一指标来衡量各行业的对外开放程度，其中，2000~2004 年的数据源于《中国对外经济统计年鉴》，2005~2014 年的数据源于《中国贸易外经统计年鉴》。

表 5-2 报告了各变量的描述性统计结果。从总体上看，ICT 资本结构在 2000~2014 年的变化速度非常高，大约为 ICT 资本存量增速的 4 倍，可见 ICT 资本结构在此期间的变化速度之快。对比 2000~2014 年中国工业和服务业的统计结果，可以看出工业行业的 ICT 资本结构的平均增速要低于服务业行业，但其 ICT 资本存量水平的增长要略快一些。

表 5-2　　　　　　　　相关变量的描述性统计

Panel A 描述性统计：总体

变量	均值	标准差	最小值	最大值
$\hat{y}$	0.068	0.114	-0.83	0.558
$\hat{struc}$	0.312	0.308	-0.467	1.719
$\hat{ICT}$	0.075	0.155	-0.886	0.675
$\hat{NICT}$	0.075	0.120	-0.846	0.485
$\hat{RD}$	0.106	0.179	-0.280	1.357
$\hat{HR}$	0.024	0.409	-2.287	2.929
$\hat{FDI}$	0.078	0.272	-0.993	2.163

Panel B 描述性统计：工业 vs 服务业

变量	工业				服务业			
	均值	标准差	最小值	最大值	均值	标准差	最小值	最大值
$\hat{y}$	0.098	0.102	-0.402	0.558	0.038	0.119	-0.830	0.393
$\hat{struc}$	0.289	0.294	-0.467	1.719	0.329	0.310	-0.390	1.689
$\hat{ICT}$	0.090	0.121	-0.332	0.675	0.060	0.184	-0.886	0.618
$\hat{NICT}$	0.099	0.079	-0.184	0.485	0.049	0.150	-0.846	0.346
$\hat{RD}$	0.192	0.096	-0.212	0.499	0.018	0.205	-0.280	1.357
$\hat{HR}$	0.009	0.276	-1.962	2.582	0.039	0.520	-2.287	2.929
$\hat{FD}$	0.022	0.202	-0.747	1.070	0.137	0.322	-0.993	2.163

5.6 实证结果分析

5.6.1 总体回归

表5-3给出了式（5.13）的估计结果。本研究用缩尾的方法在1%的水平上处理了ICT资本结构增长率的极端值，并且为了验证结果的稳健性，在表5-3中给出了有无控制变量集的结果，并尝试了不同的估计方法。其中，第(1)—(4)列的系统GMM估计中逐步引入了控制变量，并在第(5)—(6)列给出了引入控制变量的混合OLS回归和固定效应回归的估计结果。从系统GMM的估计结果来看，Arelleno-Bond检验显示模型的残差项不存在二阶序列相关，而Hansen过度识别检验表明模型的工具变量有效，因此系统GMM估计量是一致且有效的。此外，一般认为混合OLS估计和固定效应估计能够分别确定滞后项$\hat{y}_{it-1}$系数的上下限（Nickell，1981），第(4)—(6)列的估计结果表明$\hat{y}_{it-1}$的系数在对应的理论范围内。

表5-3的回归结果表明，ICT资本存量的增长对生产率改进具有显著的正向影响。有研究表明，"生产率悖论"存在原因之一是"资本存量不足"（Oliner and Sichel，1994），即ICT资本存量需要积累至临界水平之上，才能够发挥其对生产率增长的贡献。因此，ICT资本存量的增长越快，越有助于发挥ICT的规模效率和网络效应，克服"资本存量不足"导致的"生产率悖论"现象，从而实现ICT资本积累对劳动生产率增长的促进作用。从控制变量的回归结果来看，研发投入、人力资本投入和对外开放程度的增速对劳动生产率的提升均具有显著的促进作用，这与巩崇一和柴时军（2017）等研究的结论是一致的。

此外，表5-3的回归结果也表明，ICT软硬件资本比的增长对生产率改进具有显著的负向影响，这与本研究的理论推导结果是不一致的。理论上讲，ICT软硬资本比的增长反映了软件与硬件之间的互补性提高，这体现了ICT资本内部结构的优化过程，但该优化过程的实现隐含了一个前提条件，即硬件使用效率的提升是取决于软件的发展水平，只有被硬件搭载的软件在不断进步和不断投入，软硬件资本比的增长才能体现互补性的提高和 ICT 资本内部结构的高级化。但是从中国的信息化发展进程来看，以芯片为核心的软件技术长期落后于世界领先水平，在一些关键核心技术方面仍然受制于人。因此，尽管有大量的、快速的软件积累和增长，但由于软件的进步缓慢，从根本上没有对硬件的性能具有明显的提升作用，即软硬件资本比的提高没有导致互补性的增强，这可能是导致实证检验与理论结果不一致的原因之一。另外，软硬件资本比的增长不利于生产率改进的另一个可能的原因是，软件技术是一种综合性较强的高科技技术。因此，软件的高效使用往往在人力资本、劳动力技能和基础设施等辅助性要素方面具有较高的要求。但是，中国的信息化发展起步较晚，在研发人员和技术人才方面还存在不足，从而导致软件的使用效率不足，在一定程度上也限制了软硬件互补性提高对生产率增长的贡献。

表 5-3 总体回归结果

解释变量	被解释变量：$\hat{y}_{it}$					
	(1)	(2)	(3)	(4)	(5)	(6)
	GMM	GMM	GMM	GMM	Pool OLS	FE
$\hat{y}_{it-1}$	0.239*** (19.192)	0.233*** (16.853)	0.203*** (15.890)	0.199*** (14.338)	0.231*** (5.881)	0.123*** (2.960)
$\hat{struc}_{it}$	-0.060*** (-9.898)	-0.061*** (-6.644)	-0.058*** (-5.357)	-0.053*** (-4.350)	-0.038** (-2.422)	-0.051** (-2.482)
$\hat{ICT}_{it}$	0.229*** (8.320)	0.239*** (7.948)	0.271*** (9.054)	0.288*** (9.342)	0.284*** (5.367)	0.283*** (5.081)
$\hat{NICT}_{it}$	0.468*** (10.241)	0.449*** (9.634)	0.463*** (9.874)	0.425*** (7.472)	0.394*** (6.844)	0.367*** (6.189)
$\hat{ICT}_{it-1}$	-0.206*** (-7.405)	-0.217*** (-6.974)	-0.205*** (-6.693)	-0.206*** (-6.442)	-0.201*** (-4.071)	-0.212*** (-4.174)
$\hat{NICT}_{it-1}$	-0.076** (-2.100)	-0.052 (-1.361)	-0.059 (-1.404)	-0.060 (-1.385)	-0.058 (-0.942)	0.013 (0.200)
$\hat{RD}_{it}$		0.036*** (4.060)	0.056*** (5.235)	0.062*** (5.467)	0.065*** (3.126)	0.022 (0.631)
$\hat{HR}_{it}$			0.093*** (6.993)	0.107*** (7.476)	0.062*** (4.590)	0.078*** (5.666)

续表

解释变量	被解释变量：$\hat{y}_{it}$					
	（1）	（2）	（3）	（4）	（5）	（6）
	GMM	GMM	GMM	GMM	Pool OLS	FE
$\hat{FDI}_{it}$				0.034** (2.623)	0.043*** (3.054)	0.052*** (3.612)
Cons	0.033*** (6.501)	0.030*** (5.022)	0.036*** (2.990)	0.031** (2.358)	0.024 (1.406)	0.035** (2.521)
Obs	546	546	546	546	546	546
YearDummy	YES	YES	YES	YES	YES	YES
AR（1）	0.001	0.001	0.001	0.001		
AR（2）	0.417	0.452	0.481	0.462		
Hansen test	0.796	0.757	0.826	0.891		

注：（1）括号内为 t 统计值，*、**、*** 分别表示在10%、5%和1%的水平上显著。（2）AR（1）和 AR（2）的分别检验了残差项的 Arelleno - Bond 一阶和二阶序列相关；Hansen Test 用来判断工具变量的过度识别约束是否有效。

5.6.2 分阶段回归

根据ICT软硬件资本比的总体变化情况（如图5-14所示），可以看到2005年以前，软硬件资本比的增速缓慢，在2005~2009年，软硬件资本比的增速有了一定的提高，而在2009年后，软硬件资本比增速明显提高。从现实情况来看，中国在2009年正式进入了3G时代，在此之前的2005~2008年经历了2G到3G建设的过渡。因此，本研究以2005年和2009年作为两个时间节点进行分阶段分析。

表5-4　　　　　　　　　　分阶段回归结果

解释变量	被解释变量：$\hat{y}_{it}$		
	（1）	（2）	（3）
	2001~2005年	2005~2009年	2009~2014年
$\hat{y}_{it-1}$	0.237** (2.169)	0.137*** (5.312)	0.106*** (9.079)
$\hat{struc}_{it}$	0.047** (2.054)	-0.057*** (-3.551)	-0.057*** (-10.675)

续表

解释变量	被解释变量：$\hat{y}_{it}$		
	(1)	(2)	(3)
	2001~2005 年	2005~2009 年	2009~2014 年
$\hat{ICT}_{it}$	0.190 (1.342)	0.281*** (4.063)	0.258*** (16.799)
$\hat{NICT}_{it}$	0.571*** (3.487)	0.141** (2.460)	0.410*** (11.556)
$\hat{ICT}_{it-1}$	-0.317*** (-3.222)	0.076 (1.603)	-0.181*** (-11.468)
$\hat{NICT}_{it-1}$	0.033 (0.217)	-0.001 (-0.014)	0.065*** (3.877)
Cons	0.013 (0.739)	0.061*** (7.703)	0.014*** (3.227)
Obs	168	168	210
Control	Yes	Yes	Yes
AR (1)	0.007	0.001	0.001
AR (2)	0.107	0.433	0.474
Hansen test	0.141	0.219	0.557

注：(1) 括号内为 t 统计值，*、**、*** 分别表示在 10%、5% 和 1% 的水平上显著。(2) AR (1) 和 AR (2) 的分别检验了残差项的 Arelleno - Bond 一阶和二阶序列相关；Hansen Test 用来判断工具变量的过度识别约束是否有效。

表 5-4 的估计结果显示，ICT 资本存量的增长对生产率改进的影响在不同时间段均表现为正向作用，而 ICT 软硬件资本比对生产率改进的作用存在一些差异。2005 年以前，ICT 软硬件资本比的增速对生产率改进具有显著的正向影响，也就是说软硬件资本比增长得越快，生产率提高得越快；但在 2005 年后，随着软硬件资本比的迅速增长，其对生产率增长的影响也由正转负。本研究认为可能的原因是，在 2005 年前，软件资本的积累逐步增加，基本实现了"从无到有"的转变，从而使得软硬件资本比平稳增长，硬件的使用效率有所提高，软件与硬件之间的互补性有了暂时性的提高。因此，软硬件资本比的增长对生产率提升发挥了重要的积极作用；然而在 2005 年后，硬件投入的增速明显放缓，而软件的积累速度迅速提高，这导致 ICT 资本结构也发生了较为剧烈的变化，阻碍了软硬件的互补性提高，使得软硬件资本比的增长对生产率的增长产生负面影响。

5.6.3 稳健性检验

本研究基于表5-3第（4）列的回归模型，从两个方面展开稳健性检验：其一，基于内生变量控制进行稳健性检验，即在表5-3第（4）列模型的基础上依次把研发投入、人力资本投入和对外开放程度作为内生变量进行回归；其二，将被解释变量替换为全要素生产率（TFP）的增长率（$\widehat{TFP}_{it}$）进行稳健性检验，在本研究中，中国各行业的TFP增长率由该公式计算：TFP增长率=产出增长率-资本存量增长率×资本报酬份额-劳动力增长率×劳动报酬份额，其中资本报酬份额=1-劳动报酬份额，劳动报酬份额=劳动者报酬/增加值，各行业的增加值和劳动者报酬数据均来源于WIOD数据库。

表5-5的稳健性检验结果表明，无论是改变内生变量的控制还是调整生产率的度量辐射，ICT资本内部结构的快速变化对生产率增长的负面影响均得到证实，这表明本研究的实证结果是稳健的。

表5-5　　　　　　　　　稳健性检验

解释变量	被解释变量：$\hat{y}_{it}$			被解释变量：$\widehat{TFP}_{it}$		
	（1）	（2）	（3）	（4）	（5）	（6）
	GMM	GMM	GMM	Pool OLS	FE	GMM
$\hat{y}_{it-1}$	0.211*** (10.137)	0.189*** (7.597)	0.208*** (4.039)			
$\widehat{TFP}_{it-1}$				0.218*** (5.494)	0.091** (2.161)	0.173*** (10.339)
$\widehat{struc}_{it}$	-0.058*** (-4.331)	-0.072*** (-4.822)	-0.075*** (-3.898)	-0.034** (-2.168)	-0.046** (-2.276)	-0.041*** (-3.609)
$\widehat{ICT}_{it}$	0.287*** (7.541)	0.421*** (4.933)	0.553*** (2.948)	0.150*** (2.841)	0.152*** (2.772)	0.133*** (5.057)
$\widehat{NICT}_{it}$	0.425*** (7.841)	0.340*** (4.080)	0.258 (1.501)	-0.031 (-0.546)	-0.069 (-1.177)	-0.007 (-0.165)

续表

解释变量	被解释变量：$\hat{y}_{it}$			被解释变量：$\hat{TFP}_{it}$		
	(1)	(2)	(3)	(4)	(5)	(6)
	GMM	GMM	GMM	Pool OLS	FE	GMM
$\hat{ICT}_{it-1}$	-0.209*** (-5.666)	-0.274*** (-3.532)	-0.377*** (-3.278)	-0.128*** (-2.603)	-0.156*** (-3.120)	-0.128*** (-4.070)
$\hat{NICT}_{it-1}$	-0.030 (-0.498)	0.085 (0.850)	0.177 (0.941)	0.006 (0.108)	0.032 (0.544)	0.016 (0.381)
$\hat{RD}_{it}$	0.106*** (5.513)	0.220*** (5.296)	0.246*** (3.466)	0.063*** (3.037)	0.022 (0.637)	0.063*** (4.583)
$\hat{HR}_{it}$	0.097*** (9.197)	0.057*** (6.327)	0.061*** (6.397)	0.064*** (4.799)	0.078*** (5.795)	0.093*** (6.224)
$\hat{FDI}_{it}$	0.039*** (3.388)	0.040** (2.489)	0.020 (1.045)	0.042*** (3.012)	0.050*** (3.521)	0.031** (2.316)
Cons	0.031** (2.330)	0.022* (1.684)	0.011 (0.983)	0.022 (1.305)	0.038*** (2.797)	0.036*** (3.115)
Obs	546	546	546	546	546	546
Year Dummy	YES	YES	YES	YES	YES	YES
AR(1)	0.001	0.001	0.000			0.001
AR(2)	0.472	0.558	0.449			0.662
Hansen test	0.989	0.999	1.000			0.975

注：(1) 括号内为 t 统计值，*、**、*** 分别表示在 10%、5% 和 1% 的水平上显著。(2) AR(1) 和 AR(2) 的分别检验了残差项的 Arelleno-Bond 一阶和二阶序列相关；Hansen Test 用来判断工具变量的过度识别约束是否有效。(3) 在 (1)-(3) 列的回归模型中，将 $d\ln RD_{it}$、$d\ln HR_{it}$、$d\ln FDI_{it}$ 依次视为内生变量。

5.7 异质性分析

5.7.1 不同产业对比

根据 ICT 资本存量的核算结果，可以看出工业与服务业在 ICT 资本存量水平和ICT资本内部结构方面都存在不同特征,工业存在"重硬轻软"的情况,而服务业可能存在过度"软化"。因此,有必要分析ICT资本内部结构的变化对工业和服务业生产率增长的异质性影响。

为了对比分析ICT资本内部结构的变动对中国三次产业的劳动生产率增长的影响,本研究参考方红生和张军(2013)的做法,同时引入虚拟变量 D_1 和 D_2,当行业为非服务业行业时 $D_1 = 1$,否则 $D_1 = 0$;若为服务业行业,则令 $D_2 = 1$,否则 $D_2 = 0$。表5-6的第(1)—(3)列给出了服务业与非服务业的估计结果,在第(4)—(6)列中,进一步对比了服务业和工业的结果,并重新将 $D_1 = 1$ 定义为工业行业。将 D_1 和 D_2 这两个虚拟变量分别与式(5.13)中的核心解释变量 $\widehat{struc}_{it}$ 相乘,则可以识别不同产业的估计结果。此外,结合图5-15中工业和服务业的软硬件资本比的变化情况,以及表5-4的分阶段回归结果,本研究发现服务业的软硬件资本比在2005年之后持续攀升,与工业平稳增长的软硬件资本比之间的差距明显拉大,因此,本研究进一步以2005年为时间节点对比工业和服务业在2005年前后的情况。

表5-6给出了分产业的估计结果。从第(1)列和第(4)列的全时段回归结果中,可以发现软硬件资本比的增长对劳动生产率增长的影响在非服务业和工业均表现为显著的正面作用,而在服务业则表现为显著的负面作用。分时段的估计结果表明,服务业的软硬件资本比增长对劳动生产率改进的影响在2005年之前显著为正,但是在2005年之后由正转负。从图5-15呈现的服务业与工业的ICT资本内部结构来看,工业在2014年的软硬件资本比与2005年的服务业相当,2005年之后,服务业的软硬件资本比迅速提高,与工业的差距持续拉大,在2014年高达工业软硬件资本比值的近9倍。但是,正如前文分析所述,中国软件的整体发展水平较低,过度"软化"的服务业并没有通过加大软件投资实现互补性的提高和ICT内部结构的优化,反而很可能导致了软件投入过剩和配置效率低下的问题,因此,ICT软硬件资本比的快速增长没有对服务业生产率的增长做出积极贡献。对于"重硬轻软"的工业而言,硬件的使用效率在软件资本的平稳、缓慢增长过程中得以提高,二者之间的互补性得到有效增强,从而使得软硬资本比的增长推动了工业生产率增长。

表 5-6 不同产业的回归结果

解释变量	被解释变量:$\hat{y}_{it}$					
	服务业 vs. 非服务业			服务业 vs. 工业		
	(1)	(2)	(3)	(4)	(5)	(6)
	2001~2014年	2001~2005年	2005~2014年	2001~2014年	2001~2005年	2005~2014年
$\hat{y}_{it-1}$	0.094** (2.476)	0.228** (2.115)	0.173*** (12.762)	0.118*** (2.941)	0.023 (0.206)	0.168*** (18.480)
$D_1 \times \hat{struc}_{it}$	0.011* (1.823)	0.033 (1.259)	-0.021*** (-3.055)	0.015** (2.223)	0.034 (1.022)	-0.015* (-1.856)
$D_2 \times \hat{struc}_{it}$	-0.028*** (-3.515)	0.091*** (3.020)	-0.098*** (-9.393)	-0.029*** (-4.126)	0.116*** (6.375)	-0.096*** (-8.988)
$\hat{ICT}_{it}$	0.194*** (4.751)	0.084 (0.512)	0.333*** (14.196)	0.174*** (3.058)	0.355*** (2.616)	0.341*** (12.402)
$\hat{NICT}_{it}$	0.378*** (7.197)	0.679*** (3.625)	0.315*** (6.573)	0.405*** (7.409)	0.343* (1.750)	0.316*** (5.779)
$\hat{ICT}_{it-1}$	-0.165*** (-4.321)	-0.249** (-2.363)	-0.094*** (-4.387)	-0.145*** (-3.319)	-0.337*** (-3.616)	-0.100*** (-3.857)
$\hat{NICT}_{it-1}$	0.015 (0.284)	-0.016 (-0.105)	-0.001 (-0.048)	-0.033 (-0.454)	0.261 (1.494)	0.011 (0.425)
Cons	0.026*** (7.928)	0.014 (0.850)	0.042*** (6.078)	0.025*** (6.969)	0.001 (0.094)	0.039*** (5.596)
Obs	546	168	378	533	164	369
Control	Yes	Yes	Yes	Yes	Yes	Yes
AR(1)	0.002	0.008	0.000	0.002	0.042	0.000
AR(2)	0.654	0.135	0.688	0.610	0.433	0.703
Hansen test	1.000	0.243	0.471	1.000	0.428	0.443

注:(1)括号内为t统计值,*、**、*** 分别表示在10%、5%和1%的水平上显著。(2)AR(1)和AR(2)的分别检验了残差项的Arelleno-Bond 一阶和二阶序列相关;Hansen Test用来判断工具变量的过度识别约束是否有效。(3)第(4)-(6)列的回归中去掉了15个农业样本。

5.7.2 ICT 资本密集度的影响

ICT 资本密集度在很大程度上能够反映出各个行业的ICT扩散水平,但是由于 ICT 扩散水平与行业本身的特征有一定的联系（Ark et al., 2002），从而导致 ICT 资本密集度在行业之间存在较为明显的差异。此外，ICT 对生产率增长的推动作用在许多情况下并不是体现为 ICT 本身的生产率增长，而是 ICT 资本密集度较高的行业相对于 ICT 资本密集度较低的行业的生产率表现（Engelbrecht and Xayavong, 2006）。因此，有必要进一步讨论 ICT 资本密集度如何作用于 ICT 资本内部结构变动对行业生产率增长的影响。

本研究选择劳均 ICT 资本存量和 ICT 资本存量占总资本的比重作为行业 ICT 资本密集度的衡量指标，并在式（5.13）的模型基础上引入了 ICT 资本密集度（$intensity$）与 ICT 软硬资本比增长率（$\hat{struc}_{it}$）的交叉项。表 5-7 的回归结果显示，对于不同衡量方式的 ICT 资本密集度指标，交叉项的系数均显著为正，说明 ICT 资本密集度的提高显著缓解了软硬件资本比的变化对生产率增长的负向影响，换言之，ICT 资本内部结构的变动对生产率改进的阻碍作用在 ICT 资本密集度较高的行业中得到了有效控制。这很可能是由于 ICT 资本密集度不同的行业对 ICT 资本结构变动的敏感性不同，相比之下，ICT 资本密集度较高的行业所具有的特定属性和资源优势使其对 ICT 资本内部结构变动的敏感性较低。

表 5-7　　ICT 资本密集度的影响

解释变量	被解释变量：$\hat{y}_{it}$	
	(1)	(2)
$\hat{y}_{it-1}$	0.164 *** (8.719)	0.165 *** (9.535)
$\hat{struc}_{it}$	-0.149 *** (-3.833)	-0.126 *** (-4.226)
$intensity \times \hat{struc}_{it}$	0.569 ** (2.396)	0.469 ** (2.510)
$\hat{ICT}_{it}$	0.310 *** (8.760)	0.292 *** (8.918)
$\hat{NICT}_{it}$	0.443 *** (8.340)	0.454 *** (9.023)
$\hat{ICT}_{it-1}$	-0.252 *** (-6.527)	-0.230 *** (-6.831)

续表

解释变量	被解释变量：$\hat{y}_{it}$	
	(1)	(2)
$\hat{NICT}_{it-1}$	0.091 (1.165)	0.037 (0.610)
Cons	0.058*** (3.774)	0.057*** (3.753)
Obs	546	546
Control	Yes	Yes
Year Dummy	Yes	Yes
AR (1)	0.003	0.002
AR (2)	0.982	0.792
Hansen test	0.922	0.877

注：(1) 括号内为 t 统计值，*、**、*** 分别表示在10%、5%和1%的水平上显著。(2) AR (1) 和 AR (2) 的分别检验了残差项的 Arelleno - Bond 一阶和二阶序列相关；Hansen Test 用来判断工具变量的过度识别约束是否有效。(3) ICT 资本密集度 intensity 在第 (1) 列中的定义为劳均 ICT 资本存量，在第 (2) 列中的定义为 ICT 资本存量占总资本的比重。

5.7.3 人力资本的增长

很多研究表明，人力资本与 ICT 资本之间具有较强的互补性，特别是对于软件，人力资本的积累对软件资本的应用能力和投资效率往往具有重要影响（Bresnahan et al.，2002；Bloom and Van Reenen，2011；Bloom et al.，2012）。因此，本研究也进一步分析了人力资本增长在 ICT 资本内部结构变动对生产率增长的影响中发挥的作用。

表 5-8　　　　　　　　　人力资本增长的影响

解释变量	被解释变量：$\hat{y}_{it}$	
	(1)	(2)
$\hat{y}_{it-1}$	0.219*** (10.293)	0.218*** (8.968)
$\hat{struc}_{it}$	-0.064*** (-5.980)	-0.065*** (-6.780)

续表

解释变量	被解释变量:$\hat{y}_{it}$	
	(1)	(2)
$\hat{HR} \times \hat{struc}_{it}$	0.271*** (5.589)	0.192*** (7.665)
$\hat{ICT}_{it}$	0.278*** (9.889)	0.258*** (8.802)
$\hat{NICT}_{it}$	0.462*** (9.746)	0.434*** (7.602)
$\hat{ICT}_{it-1}$	-0.201*** (-6.493)	-0.189*** (-4.959)
$\hat{NICT}_{it-1}$	-0.077* (-1.744)	-0.048 (-0.976)
Cons	0.030*** (4.686)	0.029*** (4.218)
Obs	546	546
Control	Yes	Yes
Year Dummy	Yes	Yes
AR(1)	0.000	0.001
AR(2)	0.327	0.313
Hansen test	0.962	0.860

注:(1) 括号内为 t 统计值,*、**、*** 分别表示在10%、5%和1%的水平上显著。(2) AR(1) 和 AR(2) 的分别检验了残差项的 Arelleno–Bond 一阶和二阶序列相关;Hansen Test 用来判断工具变量的过度识别约束是否有效。(3) 变量 $\hat{HR}_{it}$ 在第(1)列中为劳动力平均受教育年限的增长率,在第(2)列中为高中及以上平均受教育年限的增长率。(4) 为了避免多重共线性问题,模型中的控制变量只保留了研发投入和对外开放程度的增长率。

同样,本研究在式(5.13)中引入了人力资本的增长率($\hat{HR}_{it}$)与ICT软硬资本比增长率($\hat{struc}_{it}$)的交叉项,并将高中及以上平均受教育年限(即高中比重×12+大专及以上学历比重×16)作为人力资本投入的另一种度量方式进行稳健性检验。从表5-8的估计结果来看,交叉项的系数显著为正,表明人力资本的增长显著缓解了ICT软硬件资本比的增长对生产率提高的负向影响。也就是说,人力资本的积累速度越快,ICT资本内部结构的变化对行业生产率提高的负向影响越小。人力资本的增长表明劳动者的生产素质在不断提高，越容易掌握更多的生产技能，从而有利于发挥软件对生产率改进的贡献，提高软件与硬件之间的互补性，优化 ICT 资本的内部结构。这也就意味着，如果人力资本的增速足够赶得上软件投资的"步伐"，那么软硬件资本比的快速提高对劳动生产率增长的不利影响就可以得到有效弥补。

5.8 本章小结

在以 ICT 为核心的新一轮科技革命的背景下，本章分析了 ICT 资本存量水平对中国劳动生产率增长的贡献，同时还首次关注到软件与硬件之间的互补性引起的 ICT 资本内部结构变动的重要作用。通过理论模型的推导，本章发现引起劳动生产率增长的四个来源，其中包含 ICT 资本存量水平的增长以及 ICT 资本内部结构（软硬件资本比）的变化。从实证检验的结果来看，可以得到以下结论：第一，ICT 资本的快速积累能够促进中国劳动生产率的增长，因此不存在"生产率悖论"现象。第二，ICT 软硬件资本比的增长对劳动生产率增长具有明显的抑制作用，这可能是由于低水平软件的大量投入从实质上没有提高软件与硬件之间的互补性，从而限制了其对生产率增长的推动作用。第三，不同产业的 ICT 资本积累呈现不同特征，与软件积累较慢的工业相比，服务业的加速"软化"使其 ICT 资本结构变化较快，对劳动生产率的增长产生负面作用。第四，行业的 ICT 资本密集度与人力资本的积累具有重要影响，对于 ICT 资本密集度较高、人力资本增长较快的行业，能够有效削弱 ICT 软硬件资本比的增长对其劳动生产率增长的阻碍。

第 6 章

信息通信技术对工业碳强度的影响

绿色减排是世界各国共同的发展目标,也是中国经济高质量增长的重要内容。作为引领新一代产业革命的核心技术,ICT 的应用为产业绿色转型提供了关键的技术支撑和生产方式转变的更多可能性,如何通过 ICT 有效控制中国的碳排放、驱动产业的低碳发展,是实现高质量增长可持续发展目标的关键。因此,本章以占中国碳排放总量约 70% 的工业为研究对象,基于工业生产的角度分析 ICT 资本投入对工业碳强度的影响,并且从 TFP – Malmquist 增长指数的不同构成部分探讨 ICT 影响工业碳强度的作用渠道。

6.1 问题的提出

为了应对全球气候变化,实现人类的可持续发展,绿色发展已成为全球社会的共识。自改革开放以来,中国经济通过粗放型增长模式实现了长期的高速增长,但是高污染和高能耗引起了二氧化碳排放水平的激增。根据国际能源署(IEA)的研究,中国已在 2007 年成为世界第一的碳排放国家。为了促进绿色低碳循环经济的发展,中国提出"碳达峰"和"碳中和"的战略目标,并且制定了很多有关经济增长、工业转型和低碳发展的政策规划。由于中国工业生产对化石燃料高度依赖,因此,工业碳排放量约占中国总碳排放量的 70%(Chen et al., 2019;Fan et al., 2019;Luan et al., 2019),这意味着有效控制工业部门的碳排放是中国绿色发展过程中需要解决的关键问题。

目前，信息通信技术（ICT）的快速发展已经成为引领全球新一轮工业革命的必然趋势，ICT与许多社会和经济领域的融合催生了许多新业态和新模式，推动着世界经济向更创新、更智能和更绿色的方向发展。根据全球电子可持续发展倡议（GeSI）的研究，到2030年，ICT的应用能够避免每年20%的温室气体排放，而ICT部门的温室气体排放仅占全球的2%。与世界上众多国家一样，中国近年来制定了信息化、数字化和智能化发展战略，并将其视为提升核心竞争力的重要措施。在政策的鼓励下，各个行业对ICT的投资持续增加，而ICT的应用能否有效降低行业碳强度（即单位GDP增长的碳排放量）以及ICT影响的作用渠道是什么值得探讨。为了回答这些问题，本研究使用中国2000~2014年的工业部门数据系统地评估了ICT对工业碳强度的影响以及相应的影响机制，对实现排放目标和促进可持续发展具有重要意义。

从现有研究来看，ICT对碳排放和环境的影响尚未达成共识（Zhang Ming et al.，2009；林伯强和蒋竺均，2009）。一些研究结论支持ICT在减少温室气体排放方面具有的积极作用（Zhou et al.，2019；Salahuddin and Alam，2015；Salahuddin et al.，2016；王文举和向其凤，2017），也有研究则认为ICT的使用通过增加与能源相关的碳排放对环境造成压力（Zhou et al.，2018；Zhou et al.，2019）。因此，ICT对碳强度的影响仍然没有定论，并且对于ICT影响碳强度的作用渠道缺乏讨论和实证检验。本研究可能的贡献如下：（1）本研究从生产的角度分析了ICT资本作为一种生产要素投入对工业碳强度的影响，而不是局限于ICT应用的具体形式。（2）本研究基于数据包络分析（DEA）方法，构建了TFP增长指数即Malmquist指数及其分解结果，从TFP增长的不同贡献部分讨论ICT资本影响碳强度的作用机制。（3）考虑到不同行业在属性、要素投入、研发创新等方面存在较大差异，而这些因素在一定程度上能够影响其碳强度和ICT使用效率。因此，本研究进一步检验了ICT资本投入对工业碳强度的影响随行业特征变化的门槛效应。

6.2 文献回顾

ICT对工业碳强度的影响主要涉及两个方面的文献：碳强度的影响因素和

ICT 的减排效应。因此，本研究也从这两条主线对相关研究进行回顾和梳理。

6.2.1 碳强度的影响因素

碳强度作为绿色发展的决定因素，在过去的 20 年中引起了学者们的广泛关注，大量研究发现碳强度的影响因素主要包括经济结构、能源结构、技术进步和对外开放程度。

经济结构对碳强度的影响具体体现在产业规模的作用（Dong et al.，2018；Zhang et al.，2019）。在之前的相关研究中，行业产出占整个经济产出的份额通常被定义为经济结构（Cheng et al.，2018；Zhang et al.，2019）。由于中国工业碳排放占全国总量的 70% 以上，因此，经济结构的升级（即从第二产业向第三产业主导的结构转变）有可能降低二氧化碳排放强度。例如，Zhang 等（2014）的研究发现增加第三产业的比重可以达到抑制二氧化碳排放强度的目的。Yu 等（2014）、Huang 等（2018）、Zhang 等（2019）的研究也表明，通过第二产业的结构变化可以预期中国省级二氧化碳浓度的降低。王文举和向其凤（2017）认为，产业结构是影响能源强度和碳强度的重要因素，调整中国的产业结构可以为实现碳强度目标作出高达 60% 的贡献。

关于能源结构方面，涂正革（2012）提出，低碳能源结构有助于降低八个主要工业部门的碳强度，包括初级产业、采矿业、制造业、公用事业、建筑业和运输业以及第三产业的商业和其他部门。Geng 等（2013）认为，能源强度的下降和能源结构的变化减少了钢铁行业的温室气体排放。Fredrik 和 Peter（2013）发现，八个发达国家和两个发展中国家的长期碳强度受到生产率、能源结构和油价的影响。Cao 等（2014）发现，煤炭使用量的下降（包括其作为能源的直接使用和发电的间接使用）是 2006~2015 年中国碳强度下降的主要驱动力。Wang 和 Feng（2018）认为，中国高度依赖化石能源的能源结构阻碍了工业碳强度的下降。

关于技术进步和创新，Zhou 和 Ang（2008）的研究表明，节能技术的变革对 OECD 国家的碳减排作出了重要贡献。Zhang 和 Da（2013）指出，能源使用技术的进步明显有助于降低中国的工业碳强度。Wang 等（2018）的研究表明，产业技术进步是 2006~2014 年中国工业碳强度下降的主要驱动因素。Huang 等（2020）的研究通过 2010~2016 年的中国省级数据分析，得出国内创新显著降低了中国省级二氧化碳排放强度的结论。

在 FDI 的影响方面，有大量证据表明开放可以通过技术溢出效应影响环境绩效（Cole，2004；Xiao et al.，2017；Xu et al.，2017）。例如，Li 等（2017）研究了 FDI 对中国天津市的碳强度的影响，发现 FDI 在减轻碳强度方面发挥了积极作用。Huang 等（2018）也提供了类似的经验证据，发现 FDI 能够降低中国省级的碳强度。也有文献认为 FDI 会导致碳强度的提高（Yang et al.，2014；Cheng et al.，2018）。

6.2.2 ICT 的碳排放效应

ICT 对碳排放的影响可以从 ICT 的生产即 ICT 行业，以及 ICT 的应用即非 ICT 行业两个方向进行总结。

从 ICT 行业来看，ICT 对碳排放的影响来源于直接、间接和反弹效应的综合结果（Moyer and Hughes，2012；Joyce et al.，2019；Chen et al.，2019），这些效应可能表现出积极或消极的影响（Lee et al.，2012；Zhang et al.，2017）。减少碳排放的积极效应体现在能源和生产效率的提高，而负面效应则是由于 ICT 产业扩张引起的污染。通常，直接效应认为 ICT 行业的电力消费与 ICT 相关组件和设备生产产生的碳排放量呈负相关关系。Belkhir 和 Elmeligi（2018）的研究发现，2020 年的 ICT 行业占总碳排放量的 3% 以上。Zhou 等（2019）认为，2012 年中国 ICT 行业的直接碳排放量约占总碳排放量的 0.1%。其次，间接影响与 ICT 通过有效生产和贸易过程的变化产生的无形影响有关（Erdmann and Hilty，2010；Raheem et al.，2020），这被认为是一种主要的环境调整因素（Arushanyan et al.，2014）。Adedoyin 等（2020）、Cheng 等（2018）指出，技术进步和 ICT 在可持续发展道路上为工业制造业创造了新的机遇。此外，反弹效应表现在与 ICT 相关消费价格的间接效应。ICT 的普及和产品价格下降意味着消费者有可能以低成本实现相同的效用（Joyce，2019），从而增加 ICT 产品的最终需求，但由于消费的不确定性，ICT 使经济增长与能源消费脱钩的有效性值得怀疑（Plepys，2002）。

从ICT的应用来看，ICT作为低碳的推动者发挥了有效作用。大量文献的研究结果表明，无论对于发达国家还是发展中国家，与ICT相关的因素对环境具有重大影响（Bekaroo et al.，2016；Zhang and Liu，2015；Zhou et al.，2019；Mirza and Kanwal，2017；Joyce et al.，2019；Avom et al.，2020）。Moyer和Hughes（2012）提出，ICT的应用可以降低能源强度，并对可再生能源的成本施加下行压力。此外，经验研究表明，基于ICT的解决方案通过减少短期和长期的二氧化碳排放和煤炭消耗对环境产生积极影响（Uddin and Rahman，2012；Salahuddin et al.，2018）。Zhang和Liu（2015）以电子信息制造业的总产出衡量ICT水平，发现ICT对中国中部地区的二氧化碳减排具有积极作用。也有学者认为，ICT的应用对碳排放的影响有限。Dewan和Kraemer（2000）、Niebel（2018）发现，ICT的应用仅仅对发达国家产生重大影响，而对发展中国家没有影响。Shabani和Shahnazi（2019）的研究发现，ICT与二氧化碳排放之间的短期因果关系只存在于特定部门。Asongu等（2018）对非洲的42个国家进行了分析，结果表明ICT对可持续发展没有影响。Chen等（2019）发现，互联网的普及仅仅对中国东部和中部地区的二氧化碳浓度产生显著影响，而对西部地区没有影响。

6.3 作用渠道分析：基于TFP–Malmquist指数的分解

6.3.1 TFP–Malmquist指数分解法

本研究把每个工业行业看作一个生产决策单位，运用由Färe等（1994）改造的DEA方法来构造中国工业在每个时期的最佳生产前沿面。通过每个行业的生产前沿与最佳生产前沿的比较，对技术进步（TC）和效率改进（EC）进行测度。根据Färe等（1994），假设在时期$t = 1,\cdots,T$，每个行业使用n种投入$x^t = (x_1^t,\cdots,x_n^t)$和$m$种产出$y^t = (y_1^t,\cdots,y_m^t)$。对于任意的投入$x^t \in R_+^n$，存在生产技术的产出集$S^t = \{(x^t, y^t) : x^t \text{ can produce } y^t\}$，$t = 1,\cdots,T$。为了得到生产率随时间变化的 Malmquist 生产率指数，本研究引入产出距离函数 (output distance function)。根据 Shephard (1970) 的定义，t 时期的产出距离函数可以被写为：

$$D_0^t(x^t, y^t) = \inf\{\theta : (x^t, y^t/\theta) \in S^t\}, t = 1, \cdots, T.$$

该距离函数是 Farrell 技术效率的倒数，并且可以看作是某一生产点 (x^t, y^t) 向理想的最大产出点扩大的比例。当且仅当 $D_0^t(x^t, y^t) = 1$ 时，(x^t, y^t) 在生产前沿面上，此时的生产在技术上是有效率的。如果 $D_0^t(x^t, y^t) > 1$，此时的 (x^t, y^t) 在生产前沿面的外部，那么生产在技术上是无效率的。结合距离函数的定义，则可以将 t 期和 $t+1$ 期的基于产出的 Malmquist 指数表示为：

$$M_0^t(x^t, y^t, x^{t+1}, y^{t+1}) = \frac{D_0^t(x^{t+1}, y^{t+1})}{D_0^t(x^t, y^t)},$$

$$M_0^{t+1}(x^t, y^t, x^{t+1}, y^{t+1}) = \frac{D_0^{t+1}(x^{t+1}, y^{t+1})}{D_0^{t+1}(x^t, y^t)}$$

其中，(x^t, y^t) 和 (x^{t+1}, y^{t+1}) 分别表示 t 期和 $t+1$ 期的投入和产出，D_0^t 和 D_0^{t+1} 分别表示以 t 期的生产技术 S^t 为参照下的 t 期和 $t+1$ 期的距离函数。

为了避免基期选择的随意性导致的结果差异，Cave 等 (1982) 提出用 t 期和 $t+1$ 期的 Malmquist 指数的几何平均值来衡量 TFP 增长率的变化，即：

$$M_0^t(x^t, y^t, x^{t+1}, y^{t+1}) = \left[\frac{D_0^t(x^{t+1}, y^{t+1})}{D_0^t(x^t, y^t)} \cdot \frac{D_0^{t+1}(x^{t+1}, y^{t+1})}{D_0^{t+1}(x^t, y^t)}\right]^{\frac{1}{2}}, t = 1, \cdots, T-1.$$

基于规模报酬不变 (Constant Returns to Scale, CRS) 的假设①，Malmquist 指数可以被分解为效率改进 (Efficiency Change, EC) 和技术进步 (Technical Change, 简写为 TC) 两个组成部分，即：

$$M_0^t(x^t, y^t, x^{t+1}, y^{t+1}) = \frac{D_0^{t+1}(x^{t+1}, y^{t+1})}{D_0^t(x^t, y^t)} \cdot \left[\frac{D_0^t(x^{t+1}, y^{t+1}) \cdot D_0^t(x^t, y^t)}{D_0^{t+1}(x^{t+1}, y^{t+1}) \cdot D_0^{t+1}(x^t, y^t)}\right]^{\frac{1}{2}}$$

$$= EC(x^t, y^t, x^{t+1}, y^{t+1}) \times TC(x^t, y^t, x^{t+1}, y^{t+1})$$

Malmquist 指数反映了 TFP 的增长率，当 Malmquist 指数大于 1 时，表明从 t 期到 $t+1$ 期的 TFP 是增长的，反之则相反。效率改进度量的是生产效率从 t 期到 $t+1$ 期的变化对 TFP 增长的影响，如果 EC 大于 1，则说明生产效率得到

---

① Färe 等 (1994) 的研究指出，Malmquist 指数原则上可以相对于任何类型的规模收益进行计算。

了提升，从而促进了 TFP 的增长，在图形上表现为趋向最佳生产前沿的移动，这种情况也被称为"追赶效应"（catch up）。指数 TC 反映的是技术进步对 TFP 增长率的影响，由于最佳生产前沿面代表了现有技术下的最高效率状态。因此，当 TC 大于 1 即技术水平提高时，最佳生产前沿向外推移，从而推动了 TFP 的增长。

此外，基于可变规模报酬（Variable Returns to Scale，VRS）的假定，可以进一步将效率改进（EC）分解为纯技术效率（Pure Efficiency Change，PE）和规模效率（Scale Efficiency，SE），即：

$$EC(x^t, y^t, x^{t+1}, y^{t+1}) = \frac{D_0^{t+1}(x^{t+1}, y^{t+1})}{D_0^t(x^t, y^t)}$$

$$= \frac{D_0^{t+1}(x^{t+1}, y^{t+1} \mid VRS)}{D_0^t(x^t, y^t \mid VRS)} \times \frac{D_0^t(x^t, y^t \mid VRS)}{D_0^t(x^t, y^t \mid CRS)}$$

$$= PE(x^t, y^t, x^{t+1}, y^{t+1}) \times SE(x^t, y^t)$$

6.3.2 作用渠道分析

ICT 投资可能通过多种渠道影响中国工业行业的碳强度，但现有文献对相关机制的研究较为匮乏。已有大量实证研究证明 ICT 对 TFP 的增长做出了重要的贡献，而从相关文献的梳理中也可以发现 TFP 所代表的广泛意义上的技术进步是有效控制碳强度的关键因素之一。TFP - Malmquist 指数分解法的结果表明 TFP 的增长通常源于技术进步和效率提升，而后者又可以进一步分解为纯技术效率和规模效率的改进。因此，本研究从现有文献少有涉及的 TFP 增长构成要素的角度，来甄别 ICT 投入影响工业碳强度的理论渠道。

（1）技术进步。

技术进步是提高碳排放效率、实现减排目标的主要动力。一般而言，技术进步主要通过自主创新和技术扩散两种路径实现，前者体现的是以研发活动为主的原始创新，而后者是技术领先者对落后者的技术溢出和转移过程。研究表明，研发活动有助于减少二氧化碳排放（Ang，2009；Wang et al.，2011；Lee and Min，2015）。与此同时，FDI 的技术溢出对中国的二氧化碳减排产生了积极影响，外资企业可以从发达国家向发展中国家出口更绿色的技术，并以环境友好的方式开展业务（Zhang and Zhou，2016）。

研发创新是推动技术进步的直接途径，而 ICT 的普及应用为创新研发的开展创造了更加有利的信息环境。经济增长理论表明，技术进步是决定经济增长的重要因素（Romer，1990），而研发是推动技术进步的源头活水。如果没有研发活动，新技术、新知识及其商业性应用是不可能存在的。然而，随着世界科技水平的迅猛发展，诸如中国"四大发明"的原创性技术的创造难度越来越高，绝大多数的技术研发都是基于现存技术和知识的再造过程，这使得信息获取和知识挖掘的能力成为重要的决定因素。在 ICT 的支撑下，信息能够以"数据"这种独特的方式表示，从而使其在存储、搜索、复制、计算等方面的成本大大降低（Goldfarb and Tucker，2019），这为信息的可获得性和可利用性提供了强有力的技术支撑。此外，ICT 资本品以明显的价格优势对其他生产要素产生替代，并将一种新的关键生产要素——数据引入人们的生产和生活中，海量的数据可以通过创新再使用和可扩展重组，深度挖掘蕴含在数据背后的知识和价值。

技术扩散是实现技术进步的间接途径，其指新技术和新知识通过一定的渠道向潜在的采用者转移并在市场中取得广泛应用的过程。舒尔茨曾提出"没有扩散，创新便不可能有经济影响。"国内外学者普遍认为距离是影响技术扩散程度的决定性因素之一。距离对技术扩散的可能性和效果产生影响，并且技术扩散的强度具有随着距离增大而衰减的明显特征。但是，ICT 的普及使得地区和企业之间的地域隔阂和空间约束被打破，产业链上下游的企业沟通和信息传播速度加快，新知识和新技术的外溢效果增强。此外，FDI 技术溢出对碳排放的影响与当地企业的吸收能力有关（Doytch and Uctum，2016），而信息网络的建立为技术转移双方提供了沟通和交流的新渠道，这使得技术转出者能够更加全面合理地评估技术转入者的吸收能力，而技术转入者也可以充分对技术的相关信息进行了解，从而实现更高效的技术资源匹配。

（2）效率改进。

效率改进是生产者在给定的生产技术和要素价格的条件下采取最优方式利用投入的能力，从而减少技术使用和资源分配的无效率。效率改进可以进一步通过规模效率和纯技术效率的提高来实现，因此，本研究依次从这两个构成要素来分析ICT对效率改进的影响机制。

①纯技术效率改进。首先，ICT对技术效率改进的贡献作用体现在其对生产流程的智能优化带来的直接效应。在基于ICT的数字发展空间中，数据是信息传递的核心媒介，诸如生产制造、交通运输等硬件设施以及信息系统、程序应用等软件工具，甚至包括物流渠道、供应链流程等抽象概念都能够进行数字化的系统性展示，这为生产流程的记录和生产效率的优化提供了技术支持。其次，ICT引发的新一轮科技革命对传统的生产要素具有一定的"破坏性"，进而促进生产要素的重新配置间接提升技术效率。信息技术、数字技术和智能技术对既有技能的颠覆，引起资本取代劳动而导致部分劳动者失业（Schwab，2017），而以新一代ICT技术为支撑的产业变革也极大地降低了传统物质资本的依赖，增强了对信息资本、数据资本、知识资本等无形资本的需求。同时，数据作为新的增长要素对各传统产业不断进行改造，引起产业边际效率改善和劳动生产率提高，带来生产效率提升。

②规模效率。规模效率的提高体现在市场规模扩大后带来的规模经济性，随着生产规模的扩大，平均成本也随之下降，从而体现出规模报酬递增的特征。产业在地理空间上的集聚是增强规模效率和知识溢出的典型模式，但随着ICT的出现和普及，产业集聚对地理空间位置的依赖逐渐被打破，企业之间的空间关联与纽带也逐渐转化为基于物联网、互联网等ICT应用技术的网络虚拟集聚模式，分散在不同地区的企业也可以实现连接。此外，各交易主体之间的信息不对称大幅降低，企业组织之间、消费者与企业之间、消费者之间的交易成本也相应降低，以ICT为基础的平台、共享、众包等新的经济合作形式和商业模式将加快发展，推动生产布局分散化、产业组织网络化、产业集群虚拟化，将极大地拓展外部范围经济，推动经济的规模效率上升。

6.4 数据和方法

6.4.1 变量选择与数据来源

工业碳强度。工业碳强度是指工业部门的单位工业增加值所排放的二氧化碳量,由于缺乏直接公布的中国工业二氧化碳排放量的官方统计数据,因此,本研究参考《IPCC 国家温室气体排放清单指南2006》(IPCC,2006)中提供的二氧化碳排放量的计算方法,对 2000~2014 年中国各个工业部门的二氧化碳排放量进行测度,具体的核算公式如下:

$$CO_2 = \frac{44}{12} \sum_{i=1}^{N} E_i \times NCV_i \times CEF_i \times COF_i (i = 1, 2, \cdots, N) \qquad (6.1)$$

其中,CO_2 表示该行业的二氧化碳排放总量,E_i 表示该行业对能源 i 的最终能源消费量,N 表示能源消费种类,根据《中国能源统计年鉴》的统计,能源种类共 18 种:原煤、精煤、其他洗煤、焦炭、焦炉煤气、其他天然气、其他焦化产品、原油、汽油、煤油、柴油、燃料油、液化石油气、炼厂气、其他石油产品、天然气、热力和电力;变量 NCV_i,CEF_i 和 COF_i 分别代表能源 i 的低位热值、含碳量和碳氧化比率,三者的乘积即为碳排放系数(如表 6-1 所示);44 表示二氧化碳的分子量,12 表示碳元素的相对原子质量。特别需要说明的是,电力和热力的碳排放系数参考了 Fan 等(2015)的估算方法,该方法通过将电能和热能转换输入的碳排放量分别除以总发电量和总热量,从而获得二者的电力碳排放系数和热力碳排放系数(如表 6-2 所示),其他 16 种能源的低位热值、含碳量和碳氧化比率来源于 IPCC(IPCC,2013)。各个工业行业对每种能源的最终消费量数据来源于《中国能源统计年鉴》,工业增加值的数据来源于 WIOD 数据库①。

表 6-1　　　　　　各种化石燃料的碳排放系数

能源类型	低位热值	含碳量	碳氧化比率(%)	碳排放系数
原煤	20908KJ/Kg	25.8t/TJ	100	0.53943
精煤	26344 KJ/Kg	25.8 t/TJ	100	0.67968
其他洗煤	8363 KJ/Kg	25.8 t/TJ	100	0.21577
焦炭	28435 KJ/Kg	29.2 t/TJ	100	0.8303
原油	41816 KJ/Kg	20.0 t/TJ	100	0.83632

---

① 由于 WIOD 数据库是以国际行业分类标准(ISIC Rev 4.0)进行划分,总共包含 20 个工业行业,因此,本研究根据国际行业标准分类与中国国民经济行业分类标准的对应关系,将工业行业的二氧化碳排放量进行行业合并处理。

续表

能源类型	低位热值	含碳量	碳氧化比率（%）	碳排放系数
汽油	43070 KJ/Kg	18.9 t/TJ	100	0.81402
煤油	43070 KJ/Kg	19.5 t/TJ	100	0.83986
柴油	42652 KJ/Kg	20.2 t/TJ	100	0.86157
燃料油	41816 KJ/Kg	21.1 t/TJ	100	0.88232
液化石油气	50179 KJ/Kg	17.2 t/TJ	100	0.86308
炼厂气	46055 KJ/m^3	15.7 t/TJ	100	0.72306
焦炉煤气	16726 KJ/m^3	12.1 t/TJ	100	0.20238
其他气体	15054 KJ/m^3	12.1 t/TJ	100	0.18215
天然气	38931 KJ/m^3	15.3 t/TJ	100	0.59564
其他石油产品	41816 KJ/Kg	20.0 t/TJ	100	0.83632
其他焦化产品	28345 KJ/Kg	25.8 t/TJ	100	0.733623
热力	—	—	—	—
电力	—	—	—	—

注：由于燃烧过程中有少量能量不会被氧化，因此假设每种燃料的碳氧化水平为100%。

表6-2　　　　　　　电力和热力的碳排放系数

年份	电力的碳排放系数 (10^4 t CO_2/10^8 KWH)	热力的碳排放系数 (10^4 t CO_2/10^{10} KJ)
2000年	7.621	0.120
2001年	7.466	0.117
2002年	7.645	0.107
2003年	7.881	0.119
2004年	7.688	0.118
2005年	7.608	0.116
2006年	7.561	0.116
2007年	7.100	0.116
2008年	6.947	0.115
2009年	7.05	0.113
2010年	6.689	0.119
2011年	6.833	0.121
2012年	6.748	0.138

续表

年份	电力的碳排放系数 (10^4 t CO_2/10^8 KWH)	热力的碳排放系数 (10^4 t CO_2/10^{10} KJ)
2013 年	6.606	0.125
2014 年	6.038	0.124

注：数据来源于 Yu 等（2018）。

ICT 资本存量。中国各个工业行业的 ICT 资本存量数据来源于第五章的核算结果。

控制变量。参考大多数文献的做法，本研究选择技术进步、能源结构、行业结构和国有企业规模作为控制变量。其中，技术进步水平由 TFP 的增长率表示；能源结构由电力消费量占能源消费总量的比重表示；行业结构为工业子部门的产值占工业总产值的百分比；国有资产规模定义为国有及国有控股工业企业的资产占规上工业企业总资产的百分比。以上数据源于《中国统计年鉴》《中国能源统计年鉴》和 WIOD 数据库，变量的具体定义及测算方式如表 6-3 所示。

表 6-3 相关变量的定义

	Panel A：工业行业碳强度
CI	单位工业增加值的工业二氧化碳排放量（单位：吨/万元）
	Panel B：ICT 资本存量水平
ICT	ICT 生产性资本存量（单位：百万元）
$Hard$	ICT 硬件资本存量（单位：百万元）
$Soft$	ICT 软件资本存量（单位：百万元）
	Panel C：控制变量
TFP	TFP 增长率（Malmquist 指数）
ES	电力消费量占能源消费总量的比例（单位:%）
IS	工业子行业的产值占工业总产值的比例（单位:%）
GUO	国有控股工业企业的资产占规上工业企业总资产的比例（单位:%）

6.4.2 描述性统计分析

表 6-4 列出了变量的描述性统计结果，ln 表示取自然对数。

表 6-4　　　　　　　　　　描述性统计分析

变量	样本量	均值	标准差	最大值	最小值
$\ln CI$	300	0.114	1.292	2.896	-3.031
$\ln ICT$	300	7.798	1.479	12.17	5.036
$\ln Hard$	300	0.421	1.705	5.157	-2.550
$\ln Soft$	300	-0.853	1.583	3.069	-4.777
$\ln TFP$	300	0.009	0.101	0.441	-0.501
$\ln ES$	300	2.768	0.503	3.575	1.127
$\ln IS$	300	1.363	0.767	2.538	-0.540
$\ln GUO$	300	3.347	0.830	4.528	1.194

6.4.3 实证方法

为了估计中国工业行业的 ICT 资本投入对其碳强度的影响，本研究建立了以下模型进行分析：

$$\ln CI_{it} = \beta_0 + \beta_1 \ln ICT_{it} + \Theta X_{it} + \alpha_i + u_t + \varepsilon_{it} \quad (6.2)$$

其中，i 和 t 分别代表工业行业和年份，CI_{it} 为碳强度，ICT_{it} 为 ICT 资本存量；X_{it} 为控制变量集，包括 TFP 增长率（TFP_{it}）、能源结构（ES_{it}）、行业结构（IS_{it}）和国有企业规模（GUO_{it}）四个变量。α_i 和 u_t 分别代表行业个体效应和时间效应，ε_{it} 为标准误差项。此外，由于中国工业的 ICT 资本积累呈现出"重硬轻软"的特征，因此，为了对比软件和硬件对工业碳强度影响的差异，本研究分别将硬件资本存量（$Hard_{it}$）和软件资本存量（$Soft_{it}$）作为核心解释变量构建如下模型：

$$\ln CI_{it} = \beta_0 + \delta_1 \ln Hard_{it} + \delta_2 \ln Soft_{it} + \Theta X_{it} + \alpha_i + u_t + \varepsilon_{it} \quad (6.3)$$

基于前文中结合 TFP-Malmquist 指数分解对 ICT 资本投入影响工业碳强度的作用渠道分析，本研究在式（6.2）的基础上引入 ICT 资本（ICT_{it}）与渠道检验变量（$Chan_{it}$）的交互项，分别对 TFP 增长率（TFP_{it}）及其组成部分的作用渠道有效性进行检验，具体的计量模型如式（6.4）所示：

$$\ln CI_{it} = \beta_0 + \beta_1 \ln ICT_{it} + \beta_2 \ln ICT_{it} \times \ln Chan_{it} + \beta_3 \ln Chan_{it}$$
$$+ \Theta X_{it} + \alpha_i + u_t + \varepsilon_{it} \quad (6.4)$$

6.5 实证结果

6.5.1 基准回归结果

式（6.2）的估计结果如表6-5所示。在回归中，本研究对ICT资本存量的异常值进行了1%水平上的缩尾处理，并且采取逐步引入控制变量的方式验证结果的稳健性。表6-5的估计结果表明，变量 $\ln ICT$ 与工业碳强度的系数始终显著为负，说明ICT资本投入能够对工业碳强度的降低产生积极作用。对于控制变量，可以发现：TFP增长率（$\ln TFP$）的系数为负，但不显著；能源结构（$\ln ES$）的系数显著为负，这与本研究的预期是一致的，表明清洁能源（如电能、核能或风能）的使用对低碳经济具有积极影响；行业结构（$\ln IS$）的系数显著为负，说明行业规模的相对扩张在降低中国工业碳强度方面发挥了积极作用，而规模较大的行业通常在生产方面具有较强的市场竞争力，因此促使了新涌入企业的技术水平提高。

表6-5　基准回归结果

$\ln CI$	(1)	(2)	(3)	(4)	(5)
$\ln ICT$	-0.2672** (0.099)	-0.2707** (0.104)	-0.2063** (0.073)	-0.2092** (0.092)	-0.1746** (0.079)
$\ln TFP$		-0.0890 (0.240)	-0.1754 (0.159)	-0.1325 (0.128)	-0.0989 (0.119)
$\ln ES$			-1.9317*** (0.258)	-1.5507*** (0.248)	-1.6693*** (0.280)
$\ln IS$				-0.8572*** (0.062)	-0.8583*** (0.064)
$\ln GUO$					-0.1712*** (0.043)
Observations	300	300	300	300	300
Number of groups	20	20	20	20	20

续表

lnCI	(1)	(2)	(3)	(4)	(5)
Industry dummy	YES	YES	YES	YES	YES
Year dummy	YES	YES	YES	YES	YES
Within-R^2	0.623	0.623	0.715	0.791	0.796

注：括号内为 t 统计值，*、**、*** 分别表示在10%、5%和1%的水平上显著。

表6-6为软件和硬件资本投入影响工业碳强度的估计结果。本研究同样对软件和硬件资本的异常值进行了1%的水平上的缩尾处理，并且检验了模型中所有解释变量的方差膨胀因子（VIF），排除了多重共线性问题。从表6-6的结果来看，硬件资本（ln$Hard$）和软件资本（ln$Soft$）的回归系数均显著为负，但后者的大小仅约为前者的1/4，这表明在ICT资本投入中，硬件资本的积累对降低工业碳强度起到了主要作用，软件资本对工业碳减排发挥的作用有限。从ICT资本存量的积累情况来看，中国的工业行业存在"重硬轻软"的问题，硬件资本存量占ICT资本总量的比重一直高达80%以上[①]，而软件的积累水平严重偏低，限制了软件资本对降低碳强度的贡献。

表6-6　　　　　　　　　软件与硬件的回归结果

lnCI	(1)	(2)	(3)	(4)	(5)
ln$Hard$	-0.3537*** (0.075)	-0.3594*** (0.081)	-0.3591*** (0.068)	-0.2327*** (0.062)	-0.2173*** (0.068)
ln$Soft$	-0.0223 (0.031)	-0.0248 (0.034)	-0.0496** (0.022)	-0.0567*** (0.013)	-0.0565*** (0.013)
lnTFP		-0.1733 (0.229)	-0.2921** (0.126)	-0.2097 (0.146)	-0.1985 (0.146)
lnES			-1.9942*** (0.270)	-1.6575*** (0.275)	-1.6759*** (0.266)
lnIS				-0.7641*** (0.053)	-0.7707*** (0.057)
lnGUO					-0.0328 (0.039)

---

① 根据作者测算的中国工业行业ICT资本存量数据得出。

续表

ln*CI*	(1)	(2)	(3)	(4)	(5)
Observations	300	300	300	300	300
Number of groups	20	20	20	20	20
Industry dummy	YES	YES	YES	YES	YES
Year dummy	YES	YES	YES	YES	YES
Within $-R^2$	0.646	0.646	0.745	0.801	0.801
Mean VIF	2.72	2.63	2.64	2.57	2.68

注：括号内为 t 统计值，*、**、*** 分别表示在 10%、5% 和 1% 的水平上显著。

6.5.2 不同技术水平行业的异质性分析

技术水平不同的行业往往在要素配置、生产模式和组织管理等方面具有差异化特征，而这些特征在一定程度上决定了新技术的使用效率和其与实际生产的结合方式。因此，对于工业行业来说，ICT 资本投入对工业碳强度的影响程度可能会由于技术水平的不同而被放大或缩小。根据经济合作与发展组织（OECD）的技术水平分类标准（2003），可以按照技术集中度将制造业划分为 4 种类别：高端技术产业、中高端技术产业、中低端技术产业以及低端技术产业。为了简化分类且不影响分析结果，本研究参考李贤珠（2010）、傅元海等（2014）的做法，将高端和中高端技术产业合并为高端技术产业，最终将所有的工业行业划分为高端、中端和低端技术产业 3 类[①]。若行业为高端技术产业，则令 $High=1$，否则为 0；如果行业为中端技术产业，则令 $Medium=1$，否则为 0；如果行业为低端技术产业，则令 $Low=1$，否则为 0。参考方红生和张军（2013）的处理方式，本研究将这 3 个虚拟变量分别乘以模型（6.2）和模型（6.3）中的核心解释变量并放入其中，则可以识别技术水平差异对 ICT 资本投入与工业碳强度之间关系的异质性影响。

---

① 本研究将"采掘业"划分为高端技术产业，将"电力、热力、燃气和水生产和供应业"划分为中端技术产业。

表 6-7　　　　　　　　　行业技术水平的异质性影响

lnCI	(1)	(2)
ln$ICT \times D\_Low$	-0.3498*** (0.061)	
ln$ICT \times D\_Medium$	0.0793 (0.092)	
ln$ICT \times D\_High$	-0.1345** (0.049)	
ln$Hard \times D\_Low$		-0.2440** (0.099)
ln$Hard \times D\_Medium$		-0.1936** (0.090)
ln$Hard \times D\_High$		0.0326 (0.066)
ln$Soft \times D\_Low$		-0.1273*** (0.024)
ln$Soft \times D\_Medium$		0.0253** (0.012)
ln$Soft \times D\_High$		-0.1288*** (0.024)
Observations	300	300
Number of groups	20	20
Control variables	YES	YES
Industry dummy	YES	YES
Year dummy	YES	YES
Within-R^2	0.808	0.822

注：括号内为 t 统计值，*、**、*** 分别表示在 10%、5% 和 1% 的水平上显著。

根据表 6-7 中的回归结果，本研究发现对于不同技术水平的行业，ICT 资本水平对低端技术产业和高端技术产业的碳强度具有显著的负面影响，但影响程度存在明显差异：ICT 资本投入对低端技术产业碳强度的抑制作用要远远高于其对高端技术产业的影响程度。这可能是由于低端技术产业通常为劳动密集型产业，劳动力大多从事的是技能水平较低、重复性较高的工作，而 ICT 资本的投入迅速对低技能劳动力产生了较强的替代作用，对低端技术产业传统的生产模式和管理过程发挥了明显的优化作用，提高了行业的生产效率和能源利用率，从而大幅促进了行业的节能减排。

从表6-7中的列（2）来看，硬件和软件对工业行业碳强度的影响在不同技术水平的行业之间存在差异。其中，硬件投入是影响中端技术产业碳减排的关键原因；对于高端技术产业，主要是软件起到了核心作用；硬件和软件均对低端技术产业的碳强度降低具有积极作用，但前者的影响程度更大。一般而言，随着信息化的建设，软件投资的重要性会不断高于硬件（Jorgenson，2001），而中国的传统工业化发展重物质产品、大量投资硬件设备，因此使得软件服务对生产效率和技术创新发挥的作用非常有限。此外，软件的使用效率与人力资本、研发投入、组织管理等互补性要素具有较强的关联性，而高端技术产业通常在这些方面具有较强的储备和竞争力，因此能够有效发挥软件在生产效率改进中的作用，从而有助于降低碳强度。

6.5.3　作用渠道检验

理论分析和实证研究均表明，ICT投资能够对TFP的增长产生重要的积极作用，而TFP的提高是降低工业碳排放的有效途径。但是，ICT的投入应用能否通过提高TFP增长来抑制工业碳强度的上升，以及具体通过TFP增长率的不同构成要素（技术进步、效率改进）实现ICT投入影响工业碳强度的作用渠道需要进一步进行检验。

表6-8是ICT资本影响工业碳强度的作用渠道的检验结果。从估计结果来看，行业ICT资本存量与TFP增长率（TFP）、效率进步（EC）、纯效率进步（PE）的交互项系数均显著为负，而与技术进步（TC）、规模效率（SE）的交互项为负但不显著；根据交互项系数的大小可知，纯技术效率的改进表现出最强的催化作用。这表明ICT资本投入总体上能够通过促进TFP增长来降低工业行业的碳强度，具体而言，技术效率的进步特别是纯技术效率的提高是ICT资本投入实现工业碳强度抑制作用的重要渠道，而通过技术进步影响碳强度的渠道作用并不明显。这可能是由于在2000~2014年，中国的信息化发展

还处于初级阶段,大量的技术和设备从国外引进后投入生产,直接引致了蕴含着ICT的资本体现型技术进步对生产效率的大幅提升,而ICT推动的技术进步还较为薄弱。此外,理论和经验研究均表明,ICT使用效率的高低还依赖于人力资本、组织结构和管理水平等"软实力"的水平,但在信息化发展初期,中国的高科技信息人才相对匮乏,组织管理模式的转换和调整还处于摸索中,因此,ICT对技术进步的"创新型"贡献也略显不足。

表6-8 影响渠道检验

$\ln CI$	(1)	(2)	(3)	(4)	(5)
	$Chan: TFP$	$Chan: EC$	$Chan: TC$	$Chan: SE$	$Chan: PE$
$\ln ICT$	-0.2201*** (0.061)	-0.2142*** (0.059)	-0.2003*** (0.048)	-0.2030*** (0.059)	-0.2100*** (0.058)
$\ln ICT \times \ln Chan$	-0.0587*** (0.018)	-0.0317** (0.013)	-0.0226 (0.019)	-0.0137 (0.019)	-0.0344** (0.014)
$\ln TFP$	-0.4988*** (0.139)				
$\ln EC$		-0.4241*** (0.122)	-0.3379*** (0.115)		
$\ln TC$		-0.1217 (0.188)	-0.1779 (0.183)	0.0022 (0.218)	-0.0458 (0.220)
$\ln SE$				-0.1108 (0.227)	-0.1104 (0.235)
$\ln PE$				-0.3652*** (0.115)	-0.4939*** (0.126)
$\ln ES$	-1.5527*** (0.156)	-1.5856*** (0.159)	-1.6018*** (0.166)	-1.5993*** (0.159)	-1.6111*** (0.157)
$\ln IS$	0.0109 (0.095)	-0.0116 (0.096)	-0.0509 (0.088)	-0.0420 (0.100)	0.0058 (0.097)
$\ln GUO$	0.2058*** (0.070)	0.1939*** (0.070)	0.1912*** (0.068)	0.1822*** (0.070)	0.1763** (0.069)
Constant	5.3732*** (0.645)	5.4947*** (0.633)	5.4899*** (0.604)	5.5222*** (0.644)	5.5664*** (0.629)

续表

lnCI	(1)	(2)	(3)	(4)	(5)
	Chan：TFP	Chan：EC	Chan：TC	Chan：SE	Chan：PE
Observations	300	300	300	300	300
Number of groups	20	20	20	20	20
Industry dummy	YES	YES	YES	YES	YES
Within $-R^2$	0.481	0.478	0.466	0.471	0.485

注：括号内为 t 统计值；*、**、*** 分别表示在10%、5%和1%的水平上显著。

6.6 稳健性检验

6.6.1 调整ICT资本存量核算方法

本研究首先通过调整ICT资本存量的核算方法进行稳健性分析。本研究运用的基准核算方法为截断正态退出—双曲效率模式，而蔡晓陈（2009）的研究指出，年龄—效率剖面的不同假设会对核算结果产生重要影响，钟形退出的不同模式对核算结果不敏感。

在现有研究中，常见的年龄—效率模式除了本研究的基准方法中选择的双曲效率模式，几何效率模式由于其测算较为简单也在文献中得到了运用（王益煊和吴优，2003；孙琳琳和任若恩，2005；王亚菲和王春云，2017）。因此，本研究也采用同时退出—几何效率模式①对ICT资本存量进行核算。此外，钟形退出模式的具体函数形式选择在偏度和峰值（或峰度）方面存在较大的灵活性，除了常见的正态退出模式外，对数正态函数、Weibull函数和Winfrey函数等也均有一些实证研究支持。美国劳工部统计局（BLS）和澳大利亚统计局（ABS）均采用Winfrey函数，荷兰统计局和法国国家统计和经济研究所（INSEE）分别选择Weibull函数和对数正态退出模式，并表明这两种退出模式可以较好地反映生产过程中观察到的资本退出情况。

---

① 同时退出模式假设所有的资产个体在达到该类资产的平均服务寿命时全部退出生产，是几何效率模式所对应的退出模式。

因此，本研究分别运用对数正态退出—双曲效率模式、Weibull 函数退出－双曲效率模式以及同时退出—几何效率模式三种核算方法对 2000～2014 年中国工业行业的 ICT 资本存量进行核算，并重新对式（6.2）和式（6.3）进行估计（见表6-9），结论与表6-5和表6-6一致，可以认为工业行业的 ICT 资本投入与碳强度之间的负向关系是稳健的。

表 6-9　　　　　　稳健性检验：调整 ICT 资本核算方法

$\ln CI$	（1）	（2）	（3）	（4）	（5）	（6）
$\ln ICT$	-0.1611** (0.075)	-0.1387* (0.074)	-0.0966* (0.048)			
$\ln Hard$				-0.2032*** (0.067)	-0.1944** (0.069)	-0.1626** (0.059)
$\ln Soft$				-0.0543*** (0.013)	-0.0581*** (0.014)	-0.0550*** (0.014)
$\ln TFP$	-0.0992 (0.119)	-0.0861 (0.118)	-0.0831 (0.115)	-0.1949 (0.146)	-0.1930 (0.147)	-0.1745 (0.142)
$\ln ES$	-1.6729*** (0.281)	-1.6836*** (0.286)	-1.7074*** (0.300)	-1.6795*** (0.267)	-1.6858*** (0.267)	-1.7107*** (0.279)
$\ln IS$	-0.8541*** (0.062)	-0.8634*** (0.063)	-0.8376*** (0.050)	-0.7704*** (0.057)	-0.7721*** (0.056)	-0.7582*** (0.059)
$\ln GUO$	-0.1723*** (0.043)	-0.1835*** (0.045)	-0.1866*** (0.048)	-0.0397 (0.039)	-0.0463 (0.040)	-0.0858** (0.039)
Observations	300	300	300	300	300	300
Number of groups	20	20	20	20	20	20
Industry dummy	YES	YES	YES	YES	YES	YES
Year dummy	YES	YES	YES	YES	YES	YES
Within-R^2	0.795	0.794	0.792	0.801	0.800	0.797

注：括号内为 t 统计值，*、**、*** 分别表示在 10%、5% 和 1% 的水平上显著。

6.6.2　调整行业为制造业行业

制造业是工业的重要组成部分，制造业的发展直接体现了一个国家或地区的生产水平。随着中国从"制造大国"向"制造强国"的转型升级，运用ICT促进产业转型和绿色创新是实现制造强国的必然选择。此外，采矿业作为重工业行业，其碳强度在工业行业中一直处于较高水平。因此，我们在样本中剔除采矿业和电力、热力、燃气及水的生产和供应业，仅保留制造业行业样本后重新对模型（6.2）和模型（6.3）进行估计。从表6-10的回归结果来看，无论是否引入控制变量集，第（1）列和第（3）列中ICT资本投入对制造业碳强度的降低仍然具有显著的积极作用，第（2）列和第（4）列中硬件资本和软件资本对碳强度的影响程度也与表6-6的结果较为接近，从而证实了基准回归结果的稳健性。

表6-10　　　稳健性检验：调整行业为制造业行业

lnCI	（1）	（2）	（3）	（4）
lnICT	-0.2777** (0.103)		-0.1312* (0.070)	
lnHard		-0.3952*** (0.088)		-0.1886** (0.068)
lnSoft		-0.0709* (0.036)		-0.0618*** (0.019)
lnTFP			0.0174 (0.084)	-0.1098 (0.076)
lnES			-1.6091*** (0.256)	-1.5668*** (0.263)
lnIS			-0.8683*** (0.040)	-0.7755*** (0.039)
lnGUO			-0.1405*** (0.045)	-0.0234 (0.039)
Observations	270	270	270	270
Number of groups	18	18	18	18
Industry dummy	YES	YES	YES	YES
Year dummy	YES	YES	YES	YES
Within-R^2	0.666	0.700	0.813	0.819

注：括号内为t统计值，*、**、***分别表示在10%、5%和1%的水平上显著。

6.6.3 调整样本期为 2000~2010 年

中国工业企业的统计规模标准自 2011 年 1 月进行了调整,因此目前大部分研究中国工业碳强度的文献主要利用 2011 年之前的行业数据进行分析,而本研究选定的样本期为 2000~2014 年,且对某些缺失的数据根据相关的会计准则进行了补齐处理。为避免处理后的数据干扰实证结果,本研究将样本期调整为 2000~2010 年,并重新对模型(6.2)和模型(6.3)进行估计,估计结果见表 6-11。结果表明,ICT 资本、软件及硬件资本投入均对工业碳强度具有显著的抑制作用,这与基准回归结果一致。但是,样本期调整后的回归系数略有增大,即相较于 2000~2014 年的分析,2000~2010 年 ICT 资本积累对工业碳强度的抑制作用更强。

表 6-11　稳健性检验:调整样本期为 2000~2010 年

$\ln CI$	(1)	(2)	(3)	(4)
$\ln ICT$	-0.3733*** (0.084)		-0.3957*** (0.065)	
$\ln Hard$		-0.4492*** (0.058)		-0.3045*** (0.052)
$\ln Soft$		-0.0948** (0.044)		-0.0702*** (0.014)
$\ln TFP$			0.0259 (0.138)	-0.0332 (0.136)
$\ln ES$			-1.4110*** (0.225)	-1.3913*** (0.234)
$\ln IS$			-0.9938*** (0.093)	-0.8759*** (0.077)
$\ln GUO$			-0.1362*** (0.042)	-0.0172 (0.068)
Observations	220	220	220	220
Number of groups	20	20	20	20
Industry dummy	YES	YES	YES	YES

续表

lnCI	(1)	(2)	(3)	(4)
Year dummy	YES	YES	YES	YES
Within-R^2	0.504	0.538	0.756	0.754

注：括号内为 t 统计值，*、**、*** 分别表示在 10%、5% 和 1% 的水平上显著。

6.6.4 内生性处理

影响中国工业碳强度的因素非常复杂，鉴于数据的可得性，式（6.2）已经包含了主要的影响变量，但仍然有可能存在遗漏变量问题。对此，本研究在解释变量中增加了被解释变量的一阶滞后项（$L.\ln CI$）控制由于遗漏变量导致的内生性问题，并使用系统 GMM 方法进行估计。参照 Bond 等（2001）、刘生龙等（2009）的研究，本研究主要基于一步法系统 GMM 估计方法进行实证估计。同时，为了增强回归结果的可靠性，本研究对系统 GMM 估计量的一致性和有效性进行检验，Arelleno-Bond（AR）检验表明模型的残差项不存在二阶序列相关，Hansen 检验表明模型的工具变量不存在"弱工具变量"问题。表 6-12 的回归结果显示，ICT 资本存量（$\ln ICT$）和硬件资本（$\ln Hard$）的回归系数均显著为负，软件（$\ln Soft$）的回归系数为负但不显著。从回归系数的大小来看，硬件资本投入仍然是推动工业碳强度降低的主要因素，这与本研究的基本结论是一致的。此外，工业碳强度的一阶滞后项对当期工业碳强度具有显著的正向作用，鉴于工具变量数的约束，模型没有对更高阶滞后项的作用进行预测，仅从目前结果来看，工业行业的碳强度存在某种路径依赖特性，即前一时期的碳强度对当期的情况具有强烈的基础作用。

表 6-12　　　　　　　　稳健性检验：内生性处理

lnCI	(1)	(2)	(3)	(4)
lnICT	-0.0198** (0.009)		-0.0211** (0.009)	
lnHard		-0.0146** (0.007)		-0.0414** (0.020)

续表

lnCI	(1)	(2)	(3)	(4)
ln$Soft$		−0.0012 (0.009)		−0.0101 (0.010)
L.lnCI	1.0182*** (0.020)	1.0203*** (0.010)	0.9548*** (0.022)	0.9045*** (0.036)
lnTFP			−0.6131*** (0.098)	−0.5549*** (0.093)
lnES			−0.2020*** (0.041)	−0.2579*** (0.053)
lnIS			0.0153 (0.014)	0.0358* (0.018)
lnGUO			0.0100 (0.016)	0.0389 (0.026)
Constant	0.0293 (0.218)	−0.1047*** (0.012)	0.5681*** (0.158)	0.4666*** (0.156)
Observations	280	280	280	280
Number of groups	20	20	20	20
Industry dummy	YES	YES	YES	YES
Year dummy	YES	YES	YES	YES
Hansen test	0.044	0.000	0.006	0.026
AR(1)	0.000	0.000	0.002	0.000
AR(2)	0.728	0.696	0.340	0.654

注：括号内为 t 统计值，*、**、***分别表示在10%、5%和1%的水平上显著。

6.7 ICT资本投入与工业碳强度的门槛效应

考虑到工业行业在要素构成、技术特征等方面存在的巨大差异性，ICT资本投入与碳强度之间存在非线性关系是有可能的。因此，本研究利用面板门槛模型考察工业行业的ICT资本投入与其碳强度之间的"门槛效应"，进一步检验行业的具体特征对ICT资本减排作用的非线性影响。

6.7.1 面板门槛模型设定

在本研究中,"门槛效应"是指行业的 ICT 资本投入对其碳强度的影响存在若干个关键点,而影响程度在行业有关特征变量跨越关键点前后存在较大差异。对于"门槛效应"的检验,可以采用分组检验(Girma et al.,2001;陈涛涛等,2003)和交叉项检验(Kinoshita,2001;Griffith et al.,2002)的做法。但是,前者由于受到分组标准的制约不能有效估计门槛值,而后者可以估计出门槛值但无法检验其正确性。Hansen(1999)提出的非动态面板门槛回归模型可以很好的弥补前两种方法的不足,因此,本研究在式(6.2)的基础上采用 Hansen(1999)的方法,将具有单一门槛的门槛面板模型设定如下:

$$\ln CI_{it} = \beta_0 + \beta_1 \ln ICT_{it} \cdot I(q_{it} < \gamma) + \beta_2 \ln ICT_{it} \cdot I(q_{it} \geq \gamma) \\ + \Theta X_{it} + \alpha_i + u_t + \varepsilon_{it} \tag{6.5}$$

其中,$I(*)$ 为指标函数,q_{it} 为门槛变量,γ 为门槛值。为了进一步探索 ICT 硬件与 ICT 软件影响碳强度的"门槛效应",本研究基于式(5.3)也设定了面板门槛模型如下:

$$\ln CI_{it} = \beta_0 + \delta_1 \ln Hard_{it} \cdot I(q_{it} < \gamma) + \delta_2 \ln Hard_{it} \cdot I(q_{it} \geq \gamma) \\ + \delta_3 \ln Soft_{it} \cdot I(q_{it} < \gamma) + \delta_4 \ln Soft_{it} \cdot I(q_{it} \geq \gamma) + \Theta X_{it} \\ + \alpha_i + u_t + \varepsilon_{it} \tag{6.6}$$

式(6.5)和式(6.6)仅仅分析了存在单一门槛值的情况,但门槛变量也有可能存在多重门槛,多重门槛模型的设定与单一门槛模型类似。

6.7.2 门槛变量检验

本研究中的门槛变量主要包括行业的 ICT 资本内部结构、内部研发水平和外商投资水平。由于软件与硬件之间存在较高的互补性,即软件的应用需要搭载硬件设备来实现,因此,软件投资比例的增加有利于提高 ICT 资本整体的使用效率。短期内,硬件设备投资过多会使其由于调整成本等原因存在低效利用的问题(马杰里森,2004);但从长期来看,硬件性能的提升能够搭载更多、更高级的软件。只有软件投资达到一定程度，ICT 资本整体的投资效率才会有显著提升。在本研究中，我们同样以软件与硬件的资本存量比值来衡量 ICT 资本内部结构，该比值越大则意味着 ICT 资本内部结构的高级化水平越高，ICT 资本的生产效率和创新性则越强，进而能够更好地发挥其对碳减排的积极作用。因此，本研究将 ICT 资本内部结构（STC）作为一个门槛变量进行分析。

此外，ICT 资本不同于传统物质资本的一个重要原因是 ICT 资本本身内嵌了 ICT 的技术进步，ICT 资本的积累不是一种简单的重复性投资，而是投资数量和质量都在增加的体现型技术进步的过程。因此，对 ICT 这种新技术的吸收能力往往会直接影响 ICT 资本的使用效率及其对碳减排的作用，行业对 ICT 的吸收能力越强，其 ICT 投资效率则越高。通常而言，自主研发和外资投入是提高技术吸收能力的主要路径，后者具有显著的短期效应，前者更有利于长期发展。参考相关文献的做法（Lai et al.，2006；Huang et al.，2018；Huang et al.，2020），本研究采用国内研发强度（RD）即研发与行业增加值的比值，以及外资企业资产占规上企业总资产的百分比（LFC）作为衡量 ICT 技术吸收能力的门槛变量。

按照使用面板门槛模型进行实证研究的常规步骤，首先检验是否存在门槛效应。从表 6-13 的检验结果来看，ICT 资本内部结构（STC）、国内研发强度（RD）和外资资产占比（LFC）均通过了单一门槛检验，这表明 ICT 资本投入对工业碳强度的影响不是恒定的、线性的，而是对 STC、RD 和 LFC 的变化敏感。因此，本研究选择单一门槛面板模型进行估计。

表 6-13　　　　　　　　门槛变量显著性检验

门槛变量	依赖变量	门槛个数	门槛值	F 统计量	P 值	$crit 5\%$
STC	$\ln ICT$	单一门槛	0.0034	37.36**	0.0300	34.0930
		双重门槛	0.0628	11.07	0.5800	38.9784
	$\ln Hard$，$\ln Soft$	单一门槛	0.0425	45.27*	0.0700	49.3295
		双重门槛	0.8298	25.54	0.2400	40.3177
RD	$\ln ICT$	单一门槛	0.1939	42.93*	0.0567	44.5242
		双重门槛	0.0067	34.21	0.2300	105.9812
	$\ln Hard$，$\ln Soft$	单一门槛	0.0117	75.30**	0.0267	63.5054
		双重门槛	0.1131	69.44	0.1200	58.5020

续表

门槛变量	依赖变量	门槛个数	门槛值	F 统计量	P 值	crit5%
LFC	lnICT	单一门槛	0.0985	49.35**	0.0300	44.6803
		双重门槛	0.1291	-12.19	1.0000	37.8674
	lnHard, lnSoft	单一门槛	0.0834	119.10***	0.0000	64.7555
		双重门槛	0.1731	11.68	0.8600	51.8114

注：括号内为 t 统计值，*、**、*** 分别表示在 10%、5% 和 1% 的水平上显著。

6.7.3 门槛回归结果分析

当变量 STC、RD 和 LFC 处于不同水平时，ICT 资本投入总体、硬件资本和软件资本对应的估计系数如表 6-14 所示。表 6-14 的前三行显示了以 STC 作为门槛变量的回归结果，可以看到当 ICT 资本内部结构的软化程度较低时（低于门槛值 0.0034），ICT 资本整体投入显著降低了工业的碳强度；当 STC 增加至大于门槛值 0.0034 时，ICT 投入对降低工业碳强度的积极作用始终存在并且影响程度显著提高。具体来看，硬件投入和软件投入的影响程度在 STC 高于门槛值后均得到了大幅提高。这一结果表明，ICT 资本结构的软化程度能够提高 ICT 资本对降低工业碳强度的积极作用。

从表 6-14 的第（4）~（6）行来看，可以发现当研发强度（RD）作为门槛变量时，ICT 资本投入始终对工业碳强度具有抑制作用，并且随着 RD 的增加，ICT 资本对工业碳强度的抑制影响持续增强。具体来看，软件投入在不同研发强度下对工业碳强度的影响情况与 ICT 投入总体类似。但是当 RD 的值高于门槛值 0.0117 时，硬件资本的回归系数从 -0.4725 下降至 -0.0901，这一结果说明，不能通过增加研发强度来提高硬件资本投入对降低工业碳强度的积极作用。

表 6-14 中第（7）~（9）行是以 LFC 为门槛变量在不同水平下的回归结果。当进入中国的外国资本流入量较低（即 LFC 低于门槛值 0.0985）时，ICT 资本整体有利于工业碳强度的降低；当 LFC 大于门槛值时，ICT 资本整体投入仍然能够显著降低工业碳强度但影响程度有所下降。分别来看，硬件投入在 LFC 增加后对工业碳强度的影响情况与 ICT 总体投入类似，但其影响程度的下

降幅度更大。然而，当 LFC 低于门槛值时，软件的投入实际上显著增加了工业碳强度；当 LFC 不断增加，软件资本的系数（$lnSoft$）由显著为正变为显著为负，表明 LFC 一旦超过门槛值，软件资本投入将显著降低中国的工业碳强度。

表 6-14　　　　　　　　　　面板门槛回归结果

门槛变量	依赖变量	门槛值	回归系数	门槛值	回归系数
STC	$lnICT$	$\gamma < 0.0034$	-0.2958*** (0.056)	$\gamma \geq 0.0034$	-0.3827*** (0.053)
	$lnHard$	$\gamma < 0.0425$	-0.0360 (0.067)	$\gamma \geq 0.0425$	-0.1887*** (0.054)
	$lnSoft$	$\gamma < 0.0425$	-0.0354 (0.024)	$\gamma \geq 0.0425$	-0.1344*** (0.025)
RD	$lnICT$	$\gamma < 0.1939$	-0.3323*** (0.057)	$\gamma \geq 0.1939$	-0.3876*** (0.054)
	$lnHard$	$\gamma < 0.0117$	-0.4725*** (0.061)	$\gamma \geq 0.0117$	-0.0901* (0.053)
	$lnSoft$	$\gamma < 0.0117$	-0.0817*** (0.027)	$\gamma \geq 0.0117$	-0.1066*** (0.021)
LFC	$lnICT$	$\gamma < 0.0985$	-0.4473*** (0.052)	$\gamma \geq 0.0985$	-0.3713*** (0.051)
	$lnHard$	$\gamma < 0.0834$	-0.5186*** (0.062)	$\gamma \geq 0.0834$	-0.1612*** (0.049)
	$lnSoft$	$\gamma < 0.0834$	0.0937*** (0.028)	$\gamma \geq 0.0834$	-0.1960*** (0.020)

注：括号内为 t 统计值，*、**、*** 分别表示在 10%、5% 和 1% 的水平上显著。

门槛回归的估计结果表明，ICT 资本投入（包括硬件和软件）对工业碳强度的影响会随着 ICT 资本内部结构（STC）、国内研发强度（RD）和外资资产占比（LFC）的波动而产生非线性变化。具体而言，ICT 资本内部结构的软化程度越高，ICT 资本、硬件和软件的碳减排效应均有所提高；国内研发强度越大，ICT 资本特别是软件对碳强度的负向影响随之增强，但硬件的影响变化不明显；对于外资占比水平，软件的碳减排作用随着外资资产占比的提高表现出明显的提升。从中国的情况来看，以上结果可能有几个原因。首先，中国的ICT设备尤其是软件在早期基本依赖于国外的技术引进，随着国内ICT产业的不断发展，企业的研发能力和研发投入不断增强，更有助于吸收软件和硬件的技术溢出，从而提高ICT对降低碳强度的积极作用。其次，在华投资的增加使外资企业更容易与国内企业形成紧密的利益共同体，拥有先进技术和管理经验的外国企业愿意帮助当地企业。因此，外资占比的上升有助于中国吸收软件技术溢出，并更容易产生积极的溢出效应。

6.8 本章小结

为了推动中国高质量增长的绿色发展、实现可持续增长的战略目标，如何通过技术进步，特别是新一代核心技术ICT来驱动工业碳强度的降低，以及探究ICT作用于碳强度的具体渠道至关重要。基于本研究的分析讨论，可以得出一些具有启示的结果。第一，总体来看，ICT资本投入对工业碳强度的降低具有显著的促进作用，其中硬件资本的积累发挥了主要作用。第二，对于不同技术水平的工业行业，ICT资本水平对低端产业和高端产业的碳强度具有显著的抑制作用，但是对低端产业碳强度的作用强度要远高于高端产业。第三，ICT投入能够通过促进TFP增长这一渠道来降低工业行业的碳强度，具体而言，技术效率的进步特别是纯技术效率的提高是ICT资本投入实现对工业碳强度的抑制作用的重要渠道。第四，ICT资本投入对工业碳强度的影响会由于ICT资本内部结构、国内研发强度和外资投入水平存在非线性变化即门槛效应，特别地，软件的碳减排效应会随着研发强度和外资投入水平的提高显著增强。

第 7 章

研究结论与政策建议

7.1 研究结论

基于以信息通信技术为核心的全球科技革命大趋势,以及中国经济增长新阶段和新目标的现实背景,本研究运用多种方法和多层次数据,研究了 ICT 对中国经济高质量增长的影响,从企业自主创新能力、宏观生产率增长、工业二氧化碳强度 3 个方面系统分析了 ICT 影响经济高质量增长的不同路径、理论机制和作用程度。研究得出以下 3 点结论:

(1) 信息通信技术对企业自主创新能力的影响。

企业作为创新研发的核心主体,其自主创新能力的提高是实现高质量增长的根本路径,因此,本研究以 2009~2019 年中国沪深 A 股的上市公司为研究对象,深入探讨了企业的 ICT 投资对其自主创新能力的影响以及具体的作用机制。研究结果发现:①企业的 ICT 投资能够提高企业的自主创新水平,并且从软件和硬件两个 ICT 的主要组成部分分别来看,硬件对企业自主创新的促进效果更大;②ICT 投入对企业自主创新的效果在规模较大的企业、国有企业以及市场化程度较高地区的企业中更为明显;③本研究分别从 ICT 行业和非 ICT 行业讨论 ICT 投资对企业自主创新能力的影响机制,发现 ICT 企业能够通过提高企业的研发水平,改善劳动力技能结构来实现 ICT 投入对自主创新的促进作用,而非 ICT 企业的 ICT 投入主要通过降低交易费用并提高代理效率来实现企业自主创新水平的提升。

(2) 信息通信技术对中国劳动生产率增长的影响。

ICT 的"生产率悖论"一直是现有文献探讨的重要问题。基于改进的生产性资本存量核算方法和 WIOD 数据库中的投入产出数据，本研究对中国总体和分行业的 ICT 资本存量进行核算，研究了 ICT 资本对中国劳动生产率增长的贡献，同时在分析过程中首次关注到 ICT 资本内部结构的变动带来的重要影响。从 ICT 资本存量的核算结果，可以发现：①中国总体的 ICT 资本水平呈现持续上升的趋势，其中，硬件资本存量水平远高于软件，软件的相对水平即软硬件资本存量的比值仍然与世界领先国家存在很大差距。②不同产业的 ICT 资本积累呈现不同特征，农业的 ICT 资本水平无明显变化，一直处于较低水平；工业的硬件资本水平增长迅猛，并远高于农业和服务业，但工业的软件积累速度较慢，可能存在"重硬轻软"的情况；服务业的 ICT 资本特征主要表现在软件的高速积累，从而导致其软硬件资本存量的比值远高于工业甚至超过 100%，可能存在"过度软化"问题。

此外，本研究构建动态面板模型进行实证检验后发现：①ICT 资本的快速积累能够促进中国劳动生产率的增长，不存在"生产率悖论"现象；但是，ICT 资本内部结构的变化对劳动生产率增长具有抑制作用，并且 ICT 资本结构的变化速度越快，抑制作用越强。②从不同时段来看，ICT 资本内部结构的影响在 2005 年之后由正转负；从三次产业来看，ICT 资本结构变化对工业（或非服务业）的劳动生产率增长具有积极作用，而在服务业表现为负面影响。③行业的 ICT 资本密集度与人力资本的积累具有重要影响，对于 ICT 资本密集度较高、人力资本增长较快的行业，能够削弱 ICT 资本结构的变化对其劳动生产率增长的抑制作用。

(3) 信息通信技术对工业碳强度的影响。

本研究以占中国碳排放总量约 70% 的工业为研究对象，基于工业生产的角度分析 ICT 资本投入对工业碳强度的影响，并且从 TFP – Malmquist 增长指数的不同构成部分探讨 ICT 影响工业碳强度的作用渠道。研究结果发现：①总体上，ICT 资本投入对工业碳强度的降低具有促进作用，其中，硬件资本的积累起到了主要作用。②对于不同技术水平的行业，ICT 资本水平能够抑制低端产业和高端产业的碳强度，但是对低端产业碳强度的作用强度要远高于高端产业。③ICT 投入能够通过 TFP 增长这一渠道来实现工业碳强度的降低，具体而言，技术效率的进步特别是纯技术效率的提高是 ICT 资本投入降低工业碳强度的主要渠道；④ICT 投入对工业碳强度的影响会由于 ICT 资本内部结构、国内研发强度和外资投入水平存在非线性变化即门槛效应，特别地，软件的碳减排效应会随着研发强度和外资投入水平的提高而明显增强。

总的来说，本研究的研究结论表明，ICT 能够通过创新驱动路径（加强企业自主创新）、效率提升路径（提高宏观生产率增长）、可持续发展路径（促进工业碳减排）推动中国经济的高质量增长，但对于不同路径下的不同研究主体而言，ICT 的积极作用会受到一些内部因素和外部条件的影响。考虑到 ICT 的微观应用和创新特征，本研究探究了 ICT 影响企业自主创新能力的高质量增长实现路径，发现 ICT 投入对企业自主创新的促进作用以及作用机制在 ICT 行业和非 ICT 行业之间存在明显差异。另外，ICT 资本投入能够通过提高资本深化和资本质量两种直接效应促进生产率的增长，但 ICT 资本内部的结构变动同样是影响 ICT 增长效应的重要因素。对于工业减排和绿色转型的现实需求，本研究发现工业的 ICT 资本投入能够降低其二氧化碳强度，但主要通过提高效率从而提高 TFP 增长率作为重要的影响渠道，说明工业的 ICT 应用还缺乏实质性的创新和技术进步。

7.2 政策建议

结合以上研究结论，本研究提出如下政策建议：

第一，政府要高度重视软件的重要性，加强软件的投入和研发，特别是工业软件的创新应用。本研究的核算结果发现，中国的软硬件资本比值与领先国家之间还存在较大差距，ICT 资本内部的结构短板限制了 ICT 对高质量增长的贡献。特别是对于"重硬轻软"的工业领域，中国的工业软件与国际高水平存在很大差距，大多数国产工业软件的内核基本由国外授权，但是，工业软件是推动工业智能制造的大脑和神经。因此，政府要制定相关政策鼓励企业的软件应用和创新研发，加强学术界、科研界对自主工业软件的基础性教育和研究，加快锻造长板、补齐短板，实现中国软件技术的重大突破。

第二，政府应该结合企业的不同属性，以及地区发展的不同程度，"因地制宜"制定企业数字化转型的实现路径。虽然中国的ICT水平在近十年来稳步提升，但企业间的水平依旧存在较大的差异。本研究的研究结论表明，企业的ICT投入对企业自主创新的效果在大规模企业、国有企业以及市场化程度较高地区的企业中更为明显。因此，政府在推动企业数字化转型的过程中，应该结合企业的发展阶段、企业的不同性质以及地区不同的发展程度制定不同的发展战略，从而更好地推动企业的转型升级。

第三，由于不同行业的数字化发展路径不同，政府应该分类制定企业转型的发展指引，并促进数字化的供需平衡。本研究结论表明，ICT行业的ICT投入能够通过加大研发力度，并改善企业的人才结构进而推动自身的创新发展。而非ICT行业的ICT投入能够降低企业的交易费用，并提高企业的代理效率实现效率提升。因此，一方面，政府应该鼓励ICT行业加大ICT投入，从而增加市场供给，另一方面，也要倡导非ICT行业引入ICT应用和相关设备，从而加强市场需求。因此，政府应该结合不同行业数字化发展的不同路径，有针对性地制定企业发展指引，促进ICT的供需平衡，从而实现中国自主创新水平的提升，进而释放数字化发展的巨大潜能。

第四，企业管理者应该认识到企业投入ICT的战略意义，并加强ICT对企业自主创新水平的提升作用，进而促进企业的高质量增长。现实中，企业管理者对企业数字化建设的认识不够，认为ICT投入仅仅是纯技术问题，从而导致企业的ICT投入跟不上企业发展的步伐，阻碍了企业的创新发展。而本研究结论表明，企业的ICT投入能够促进自主创新能力提高。因此，企业管理者应该认识到ICT对自身创新能力提升的重要意义，积极推动数字化转型，为企业的创新发展奠定基础。

第五，企业要提高创新应用ICT实现绿色转型的能力。ICT对经济增长和低碳发展都具有促进作用，ICT的应用不仅能够提高企业的生产效率，而且还为企业的绿色转型提供了新手段和新思路。但从本研究结论来看，ICT在企业的应用主要通过提高技术效率来降低碳强度，针对绿色转型的实质性技术进步还不明显。因此，企业不能仅仅满足于ICT投入对效率提升的短期效果，而是要以更长远的发展视角来挖掘 ICT 对绿色转型的积极作用,通过基于 ICT 的绿色技术进步实现生产过程的根本性变革。

第六,企业在投入 ICT 的同时要注重员工的人力资本和技能水平。本研究发现,人力资本的积累能够有效缓解由于 ICT 资本内部结构短板产生的负面作用,而提高劳动力技能的是增强企业自主创新能力的有效机制。因此,企业在进行 ICT 投资时,需要同时增加高技能人才的引进力度,并且通过培训等多种形式提高现有员工的人力资本,通过高素质雇员推动生产流程优化与组织结构转型,更大效度地发挥高端人才在 ICT 推动经济高质量增长过程中的提升效应。

参考文献

[1] 安同良, 杨晨. 互联网重塑中国经济地理格局: 微观机制与宏观效应 [J]. 经济研究, 2020, 55 (2): 4-19.

[2] 白春礼. 把握新科技革命与产业革命机遇 以创新驱动塑造引领型发展 [J]. 时事报告 (党委中心组学习), 2017 (5): 35-49.

[3] 毕克新, 马慧子, 黄平. 制造业企业信息化与工艺创新互动关系影响因素研究 [J]. 中国软科学, 2012 (10): 138-147.

[4] 蔡晓陈. 中国资本投入: 1978~2007——基于年龄—效率剖面的测量 [J]. 管理世界, 2009 (11): 11-20.

[5] 蔡跃洲, 陈楠. 新技术革命下人工智能与高质量增长、高质量就业 [J]. 数量经济技术经济研究, 2019, 36 (5): 3-22.

[6] 蔡跃洲, 张钧南. 信息通信技术对中国经济增长的替代效应与渗透效应 [J]. 经济研究, 2015 (12): 100-114.

[7] 茶洪旺, 左鹏飞. 信息化对中国产业结构升级影响分析——基于省级面板数据的空间计量研究 [J]. 经济评论, 2017 (1): 80-89.

[8] 钞小静, 任保平. 城乡收入差距与中国经济增长质量 [J]. 财贸研究, 2014, 25 (5): 1-9.

[9] 钞小静, 任保平. 中国的经济转型与经济增长质量: 基于TFP贡献的考察 [J]. 当代经济科学, 2008 (4): 23-29+124-125.

[10] 钞小静, 任保平. 中国经济增长质量的时序变化与地区差异分析 [J]. 经济研究, 2011, 46 (4): 26-40.

[11] 钞小静, 任保平. 资源环境约束下的中国经济增长质量研究 [J]. 中国人口·资源与环境, 2012, 22 (4): 102-107.

[12] 陈涛涛, 范明曦, 马文祥. 对影响我国外商直接投资行业内溢出效应的因素的经验研究 [J]. 金融研究, 2003 (5): 117-126.

[13] 楚尔鸣, 马永军. 消费增长能否提升经济增长质量——基于全要素生产率的分析 [J]. 当代经济研究, 2014 (4): 53-59+96.

[14] 戴武堂. 论经济增长质量及其改善 [J]. 中南财经政法大学学报, 2003 (1): 35-39.

[15] 丹尼森. 1929~1982 年美国经济增长趋势 [M]. 华盛顿: 布鲁金斯学会, 1985.

[16] 邓芳, 游柏祥, 陈品如. 企业信息化水平对审计收费的影响研究 [J]. 审计研究, 2017 (1): 78-87.

[17] 邓路, 高连水. FDI 强度与自主创新效率——基于我国高技术产业的面板数据 [J]. 经济与管理研究, 2009 (4): 20-24.

[18] 董嘉昌, 冯涛. 金融结构市场化转型对中国经济发展质量的影响研究 [J]. 统计与信息论坛, 2020, 35 (10): 34-41.

[19] 杜朝晖. 经济新常态下我国传统产业转型升级的原则与路径 [J]. 经济纵横, 2017 (5): 61-68.

[20] 杜伟. 企业技术创新动力的基本构成分析及现实启示 [J]. 软科学, 2005 (4): 77-79+92.

[21] 樊元, 杨立勋. 关于经济增长质量统计的若干理论问题 [J]. 西北师大学报 (社会科学版), 2002 (2): 111-114.

[22] 方红生, 张军. 攫取之手、援助之手与中国税收超 GDP 增长 [J]. 经济研究, 2013, 48 (3): 108-121.

[23] 方军雄. 市场化进程与资本配置效率的改善 [J]. 经济研究, 2006 (5): 50-61.

[24] 傅家骥, 姜彦福, 雷家骕. 高质量经济增长的实现要素分析 [J]. 数量经济技术经济研究, 1994 (3): 9-17.

[25] 傅元海, 叶祥松, 王展祥. 制造业结构优化的技术进步路径选择——基于动态面板的经验分析 [J]. 中国工业经济, 2014 (9): 78-90.

[26] 高新才, 李俊衡. 陕西省经济增长质量的动态研究——基于索罗模

型的考察[J]. 西北大学学报（哲学社会科学版），2011，41（2）：21-25.

[27] 高艳红，陈德敏，张瑞. 再生资源产业替代如何影响经济增长质量？——中国省域经济视角的实证检验[J]. 经济科学，2015（1）：18-28.

[28] 巩崇一，柴时军. 人力资本不平等对全要素生产率的影响研究[J]. 经济经纬，2017（2）：87-92.

[29] 郭丹，姚先国，杨若邻，等. 高技能人才创新素质：内容及结构[J]. 科学学研究，2017，35（7）：1112-1120.

[30] 郭峰，杜英，窦学诚. 甘肃省经济增长质量与科技进步的实证分析[J]. 科技管理研究，2013，33（12）：68-71.

[31] 郭家堂，骆品亮. 互联网对中国全要素生产率有促进作用吗？[J]. 管理世界，2016（10）：34-49.

[32] 郭克莎. 论经济增长的速度与质量[J]. 经济研究，1996（1）：36-42.

[33] 郭庆旺，贾俊雪. 中国全要素生产率的估算：1979~2004[J]. 经济研究，2005（6）：51-60.

[34] 韩先锋，惠宁，宋文飞. 信息化能提高中国工业部门技术创新效率吗[J]. 中国工业经，2014（12）：70-82.

[35] 韩先锋，宋文飞，李勃昕. 互联网能成为中国区域创新效率提升的新动能吗[J]. 中国工业经济，2019（7）：119-136.

[36] 郝项超，梁琪，李政. 融资融券与企业创新：基于数量与质量视角的分析[J]. 经济研究，2018，53（6）：127-141.

[37] 何强. 要素禀赋、内在约束与中国经济增长质量[J]. 统计研究，2014，31（1）：70-77.

[38] 洪银兴. 对新中国经济增长质量的系统评价[J]. 福建论坛（人文社会科学版），2010（7）：164-165.

[39] 洪英芳. 新时期人力资源开发与提高经济增长质量和效益研究[J]. 人口学刊，2002（6）：27-31.

[40] 黄群慧，余泳泽，张松林. 互联网发展与制造业生产率提升：内在机制与中国经验[J]. 中国工业经济，2019（8）：5-23.

[41] 黄速建,余菁. 国有企业的性质、目标与社会责任 [J]. 中国工业经济,2006 (2):68-76.

[42] 黄先海,刘毅群. 设备投资、体现型技术进步与生产率增长:跨国经验分析 [J]. 世界经济,2008 (4):47-61.

[43] 黄志基,贺灿飞. 制造业创新投入与中国城市经济增长质量研究 [J]. 中国软科学,2013 (3):89-100.

[44] 惠宁,刘鑫鑫. 信息化对中国工业部门技术创新效率的空间效应 [J]. 西北大学学报(哲学社会科学版),2017,47 (6):94-103.

[45] 江永宏,孙凤娥. 中国 R&D 资本存量测算:1952~2014 年 [J]. 数量经济技术经济研究,2016 (7):112-129。

[46] 蒋殿春,张宇. 经济转型与外商直接投资技术溢出效应 [J]. 经济研究,2008 (7):26-38.

[47] 解维敏,方红星. 金融发展、融资约束与企业研发投入 [J]. 金融研究,2011 (5):171-183.

[48] 解维敏,唐清泉,陆姗姗. 政府 R&D 资助,企业 R&D 支出与自主创新——来自中国上市公司的经验证据 [J]. 金融研究,2009 (6):86-99.

[49] 金碚. 国有企业的历史地位和改革方向 [J]. 中国工业经济,2001 (2):5-16.

[50] 卡马耶夫. 经济增长的速度和质量 [M]. 武汉:湖北人民出版社,1983.

[51] 康梅. 投资增长模式下经济增长因素分解与经济增长质量 [J]. 数量经济技术经济研究,2006 (2):153-160.

[52] 黎文靖,郑曼妮. 实质性创新还是策略性创新?——宏观产业政策对微观企业创新的影响 [J]. 经济研究,2016,51 (4):60-73.

[53] 李变花. 经济增长质量指标体系的设置 [J]. 统计与决策,2004 (1):25-27.

[54] 李继文. 信息化与产业结构优化 [J]. 理论前沿,2001 (16):20-22.

[55] 李平,付一夫,张艳芳. 生产性服务业能成为中国经济高质量增长

新动能吗 [J]. 中国工业经济, 2017 (12): 5-21.

[56] 李强, 魏巍. 制度变迁对中国经济增长质量的非线性效应分析 [J]. 经济与管理研究, 2015, 36 (12): 3-10.

[57] 李寿喜. 产权、代理成本和代理效率 [J]. 经济研究, 2007 (1): 102-113.

[58] 李贤珠. 中韩产业结构高度化的比较分析——以两国制造业为例 [J]. 世界经济研究, 2010 (10): 81-86+89.

[59] 林伯强, 蒋竺均. 中国二氧化碳的环境库兹涅茨曲线预测及影响因素分析 [J]. 管理世界, 2009 (4): 27-36.

[60] 林云. 中国工业行业 R&D 资本存量的核算 [D]. 南京财经大学, 2016.

[61] 刘海英, 张纯洪. 中国经济增长质量提高和规模扩张的非一致性实证研究 [J]. 经济科学, 2006 (2): 13-22.

[62] 刘海英, 赵英才, 张纯洪. 人力资本"均化"与中国经济增长质量关系研究 [J]. 管理世界, 2004 (11): 15-21.

[63] 刘克逸. 产业信息化对我国产业结构升级的作用及政策取向 [J]. 软科学, 2003 (1): 27-30+38.

[64] 刘美平. 信息化是实现城乡产业结构升级的根本途径 [J]. 经济纵横, 2002 (8): 17-19.

[65] 刘瑞明. 中国的国有企业效率: 一个文献综述 [J]. 世界经济, 2013, 36 (11): 136-160.

[66] 刘生龙, 王亚华, 胡鞍钢. 西部大开发成效与中国区域经济收敛 [J]. 经济研究, 2009, 44 (9): 94-105.

[67] 刘文革, 周文召, 仲深, 等. 金融发展中的政府干预、资本化进程与经济增长质量 [J]. 经济学家, 2014 (3): 64-73.

[68] 刘亚建. 我国经济增长效率分析 [J]. 思想战线, 2002 (4): 30-33.

[69] 刘亚军, 倪树高. 从经济增长阶段特点看发展转型 [J]. 浙江经济, 2006 (21): 38-39.

[70] 卢福财, 徐远彬. 互联网对制造业劳动生产率的影响研究 [J]. 产业经济研究, 2019 (4): 1-11.

[71] 鲁桐, 党印. 公司治理与技术创新: 分行业比较 [J]. 经济研究, 2014, 49 (6): 115-128.

[72] 逯东, 朱丽. 市场化程度、战略性新兴产业政策与企业创新 [J]. 产业经济研究, 2018 (2): 65-77.

[73] 栾大鹏, 欧阳日辉. 生产要素内部投入结构与中国经济增长 [J]. 世界经济, 2012, 35 (6): 78-92.

[74] 罗进辉. 媒体报道的公司治理作用——双重代理成本视角 [J]. 金融研究, 2012 (10): 153-166.

[75] 罗连发. 产品质量如何决定经济增长质量——基于山区的实证研究 [J]. 武汉大学学报 (哲学社会科学版), 2014, 67 (3): 87-92.

[76] 马建新, 申世军. 中国经济增长质量问题的初步研究 [J]. 财经问题研究, 2007 (3): 18-23.

[77] 马杰里森. 计算机 [A]. 特雷弗·I. 威廉斯著, 刘则渊、孙希忠译. 技术史 (第Ⅶ卷) [M]. 上海: 上海科技教育出版社, 2004.

[78] 马轶群, 史安娜. 金融发展对中国经济增长质量的影响研究——基于VAR模型的实证分析 [J]. 国际金融研究, 2012 (11): 30-39.

[79] 毛其淋. 二重经济开放与中国经济增长质量的演进 [J]. 经济科学, 2012 (2): 5-20.

[80] 宁光杰, 林子亮. 信息技术应用、企业组织变革与劳动力技能需求变化 [J]. 经济研究, 2014, 49 (8): 79-92.

[81] 彭德芬. 经济增长质量研究 [M]. 武汉: 华中师范大学出版社, 2002.

[82] 彭真善, 宋德勇. 交易成本理论的现实意义 [J]. 财经理论与实践, 2006 (4): 15-18.

[83] 戚聿东, 肖旭. 数字经济时代的企业管理变革 [J]. 管理世界, 2020, 36 (6): 135-152+250.

[84] 饶艳超, 陈烨. 企业信息化、知识共享与企业绩效 [J]. 财贸经

济, 2012 (7): 126-132.

[85] 任保平. 经济增长质量的内涵、特征及其度量 [J]. 黑龙江社会科学, 2012 (3): 56-59.

[86] 邵文波, 匡霞, 林文轩. 信息化与高技能劳动力相对需求——基于中国微观企业层面的经验研究 [J]. 经济评论, 2018 (2): 15-29.

[87] 邵文波, 李坤望. 信息技术、团队合作与劳动力需求结构的差异性 [J]. 世界经济, 2014, 37 (11): 72-99.

[88] 佘时飞. 经济增长理论文献综述 [J]. 科技经济市场, 2009 (8): 38-39.

[89] 沈国兵, 袁征宇. 企业互联网化对中国企业创新及出口的影响 [J]. 经济研究, 2020 (1): 33-48.

[90] 沈坤荣, 傅元海. 外资技术转移与内资经济增长质量——基于中国区域面板数据的检验 [J]. 中国工业经济, 2010 (11): 5-15.

[91] 随洪光, 刘廷华. FDI 是否提升了发展中东道国的经济增长质量——来自亚太、非洲和拉美地区的经验证据 [J]. 数量经济技术经济研究, 2014, 31 (11): 3-20.

[92] 随洪光. 外资引入、贸易扩张与中国经济增长质量提升——基于省际动态面板模型的经验分析 [J]. 财贸经济, 2013 (9): 85-94.

[93] 孙川. 中国省际信息通信技术资本存量估算 [J]. 统计研究, 2013 (3): 35-42.

[94] 孙琳琳, 郑海涛, 任若恩. 信息化对中国经济增长的贡献: 行业面板数据的经验证据 [J]. 世界经济, 2012 (2): 3-25.

[95] 托马斯, 等. 增长的质量 [M]. 北京: 中国财政经济出版社, 2001.

[96] 汪斌, 余冬筠. 中国信息化的经济结构效应分析——基于计量模型的实证研究 [J]. 中国工业经济, 2004 (7): 21-28.

[97] 汪淼军, 张维迎, 周黎安. 信息技术、组织变革与生产绩效——关于企业信息化阶段性互补机制的实证研究 [J]. 经济研究, 2006 (1): 65-77.

[98] 王艾敏. 中国农村信息化存在"生产率悖论"吗?——基于门槛面板回归模型的检验 [J]. 中国软科学, 2015 (7): 42-51.

[99] 王海潮. 信息与通信技术（ICT）与经济结构调整——基于劳动力流动视角下的分析 [J]. 中国人口·资源与环境, 2010, 20 (S2): 51-54.

[100] 王宏伟. 信息产业与中国经济增长的实证分析 [J]. 中国工业经济, 2009 (11): 66-76.

[101] 王积业. 关于提高经济增长质量的宏观思考 [J]. 宏观经济研究, 2000 (1): 11-17.

[102] 王金杰, 郭树龙, 张龙鹏. 互联网对企业创新绩效的影响及其机制研究——基于开放式创新的解释 [J]. 南开经济研究, 2018, 204 (6): 172-192.

[103] 王进猛, 沈志渔. 外资进入方式对交易成本的影响: 实证检验及政策建议 [J]. 中国工业经济, 2010 (7): 66-73.

[104] 王可, 周亚拿. 信息化建设、供应链信息分享与企业绩效——基于中国制造业企业的实证研究 [J]. 中国管理科学, 2019, 27 (10): 34-43.

[105] 王莉娜, 张国平. 信息技术、人力资本和创业企业技术创新——基于中国微观企业的实证研究 [J]. 科学学与科学技术管理, 2018, 39 (4): 111-122.

[106] 王文举, 向其凤. 中国产业结构调整及其节能减排潜力评估 [J]. 中国工业经济, 2014 (1): 44-56.

[107] 王亚菲, 王春云. 中国行业层面信息与通信技术资本服务核算 [J]. 统计研究, 2017 (12): 24-36.

[108] 王益煊, 吴优. 中国国有经济固定资本存量初步测算 [J]. 统计研究, 2003 (5): 40-45.

[109] 王永进, 匡霞, 邵文波. 信息化、企业柔性与产能利用率 [J]. 世界经济, 2017, 40 (1): 67-90.

[110] 卫旭华, 刘咏梅, 岳柳青. 高管团队权力不平等对企业创新强度的影响有调节的中介效应 [J]. 南开管理评论, 2015, 18 (3): 24-33.

[111] 吴传清. 我国区域经济质量提升的制度安排 [J]. 区域经济评论, 2013 (1): 91-93.

[112] 吴穹, 仲伟周, 陈恒. 我国区域信息化对工业技术创新效率的影

响——基于劳动-教育决策两部门 DSGE 模型的分析 [J]. 经济问题探索, 2018 (5): 1-16.

[113] 夏杰长, 刘诚. 行政审批改革、交易费用与中国经济增长 [J]. 管理世界, 2017 (4): 47-59.

[114] 肖红叶, 李腊生. 我国经济增长质量的实证分析 [J]. 统计研究, 1998 (4): 8-14.

[115] 肖旭, 戚聿东. 产业数字化转型的价值维度与理论逻辑 [J]. 改革, 2019 (8): 61-70.

[116] 许恒周, 吴冠岑, 郭玉燕. 耕地非农化与中国经济增长质量的库兹涅茨曲线假说及验证——基于空间计量经济模型的实证分析 [J]. 中国土地科学, 2014, 28 (1): 75-81.

[117] 严成樑. 社会资本、创新与长期经济增长 [J]. 经济研究, 2012, 47 (11): 48-60.

[118] 杨德明, 刘泳文. "互联网+"为什么加出了业绩 [J]. 中国工业经济, 2018 (5): 80-98.

[119] 杨晓维, 何昉. 信息通信技术对中国经济增长的贡献——基于生产性资本存量的测算 [J]. 经济与管理研究, 2015, 36 (11): 66-73.

[120] 姚洋, 章奇. 中国工业企业技术效率分析 [J]. 经济研究, 2001 (10): 13-19+28-95.

[121] 易靖韬, 张修平, 王化成. 企业异质性、高管过度自信与企业创新绩效 [J]. 南开管理评论, 2015, 18 (6): 101-112.

[122] 尹海洁. 信息化的发展与中国产业结构及劳动力结构的变迁 [J]. 中国软科学, 2002 (6): 117-119.

[123] 余明桂, 范蕊, 钟慧洁. 中国产业政策与企业技术创新 [J]. 中国工业经济, 2016 (12): 5-22.

[124] 俞安军, 韩士专, 张顺超. 利用 C-D 函数测算中国经济增长的质量及方式 [J]. 统计与决策, 2007 (24): 48-49.

[125] 张超林, 杨竹清. 股票流动性、代理效率与企业技术创新——基于泊松回归的实证研究 [J]. 华东经济管理, 2018, 32 (11): 151-158.

[126] 张家平, 程名望, 潘烜. 信息化、居民消费与中国经济增长质量 [J]. 经济经纬, 2018, 35 (3): 137-143.

[127] 张敏, 马泽昊. 信息化、产业结构与区域经济增长——基于中国省际面板数据的经验分析 [J]. 财政研究, 2013 (8): 39-42.

[128] 张骞, 吴晓飞. 信息化对区域创新能力的影响——马太效应存在吗 [J]. 科学决策, 2018 (7): 1-21.

[129] 张之光, 蔡建峰. 信息技术资本、替代性与中国经济增长——基于局部调整模型的分析 [J]. 数量经济技术经济研究, 2012, 29 (9): 71-81+150.

[130] 赵涛, 张智, 梁上坤. 数字经济、创业活跃度与高质量发展——来自中国城市的经验证据 [J]. 管理世界, 2020, 36 (10): 65-76.

[131] 赵昕, 茶洪旺. 信息化发展水平与产业结构变迁的相关性分析 [J]. 中国人口·资源与环境, 2015, 25 (7): 84-88.

[132] 赵振. "互联网+"跨界经营: 创造性破坏视角 [J]. 中国工业经济, 2015 (10): 146-160.

[133] 郑英隆. 信息产业加速发展与产业结构升级的交互关系研究 [J]. 经济评论, 2001 (1): 48-53.

[134] 郑玉歆. 全要素生产率的再认识——用TFP分析经济增长质量存在的若干局限 [J]. 数量经济技术经济研究, 2007 (9): 3-11.

[135] 钟学义, 等. 增长方式转变与增长质量提高 [M]. 北京: 经济管理出版社, 2001.

[136] 周广肃, 樊纲. 互联网使用与家庭创业选择——来自CFPS数据的验证 [J]. 经济评论, 2018 (5): 134-147.

[137] 朱斌, 杜群阳. 信息化投资、企业规模与组织绩效——基于浙江制造企业的数据 [J]. 东岳论丛, 2018, 39 (5): 166-175+192.

[138] 朱春红. 信息产业发展与产业结构升级的关联性研究 [J]. 经济与管理研究, 2005 (9): 67-69.

[139] Abri A G, Mahmoudzadeh M. Impact of information technology on productivity and efficiency in Iranian manufacturing industries [J]. Journal of Industri-

al Engineering International, 2015, 11 (1): 143 - 157.

[140] Acemoglu D. Directed technical change [J]. The Review of Economic Studies, 2002, 69 (4): 781 - 809.

[141] Acemoglu D. Technical change, inequality, and the labor market [J]. Journal of Economic Literature, 2002, 40 (1): 7 - 72.

[142] Adedoyin F F, Bekun F V, Driha O M, Balsalobre - Lorente D. The effects of air transportation, energy, ICT and FDI on economic growth in the industry 4.0 era: Evidence from the United States [J]. Technological Forecasting and Social Change, 2020, 160: 120297.

[143] Afzal M N I, Gow J. Electricity consumption and information and communication technology (ict) in the n - 11 emerging economies [J]. International Journal of Energy Economics and Policy, 2016, 6 (3): 381 - 388.

[144] Aghion P, Howitt P. A model of growth through creative destruction [J]. Econometrica, 1992, 60 (2): 323 - 351.

[145] Andersson F N G, Karpestam P. CO_2 emissions and economic activity: Short - and long - run economic determinants of scale, energy intensity and carbon intensity [J]. Energy Policy, 2013, 61: 1285 - 1294.

[146] Ang J B. CO_2 emissions, research and technology transfer in China [J]. Ecological Economics, 2009, 68 (10): 2658 - 2665.

[147] Anton J J, Greene H, Yao D A. Policy implications of weak patent rights [J]. Innovation Policy and the Economy, 2006, 6: 1 - 26.

[148] Arellano M, Bond S. Some tests of specification for panel data: Monte Carlo evidence and an application to employment equations [J]. The Review of Economic Studies, 1991, 58 (2): 277 - 297.

[149] Arellano M, Bover O. Another look at the instrumental variable estimation of error - components models [J]. Journal of Econometrics, 1995, 68 (1): 29 - 51.

[150] Ark B, Melka J, Mulder N, Timmer M, and Ypma G. ICT investment and growth account for the European Union, 1980 - 2000 [J]. Research Memoran-

dum GD, 2002, 56.

[151] Ark B. Measuring the new economy: An international comparative perspective [J]. Review of Income and Wealth, 2002, 48 (1): 1-14.

[152] Arrow K J. The economic implications of learning by doing [J]. The Review of Economic Studies, 1962, 29 (3): 155-173.

[153] Arushanyan Y, Ekener-Petersen E, Finnveden G. Lessons learned - Review of LCAs for ICT products and services [J]. Computers in Industry, 2014, 65 (2): 211-234.

[154] Asian Productivity Organization. APO productivity databook 2014 [M]. Keio University Press Inc, 2014.

[155] Asongu S A, Le Roux S, Biekpe N. Enhancing ICT for environmental sustainability in sub-Saharan Africa [J]. Technological Forecasting and Social Change, 2018, 127: 209-216.

[156] Atkinson R D, McKay A S. Digital prosperity: Understanding the economic benefits of the information technology revolution [J]. Available at SSRN 1004516, 2007.

[157] Autor D H, Levy F, Murnane R J. The skill content of recent technological change: An empirical exploration [J]. The Quarterly Journal of Economics, 2003, 118 (4): 1279-1333.

[158] Avom D, Nkengfack H, Fotio H K, Totouom A. ICT and environmental quality in Sub-Saharan Africa: Effects and transmission channels [J]. Technological Forecasting and Social Change, 2020, 155: 120028.

[159] Barro R J. Quantity and quality of economic growth [M]. Banco Central de Chile, 2002.

[160] Bartel A, Ichniowski C, Shaw K. How does information technology affect productivity? Plant-level comparisons of product innovation, process improvement, and worker skills [J]. The Quarterly Journal of Economics, 2007, 122 (4): 1721-1758.

[161] Basu S, Fernald JG, Oulton N, Srinivasan S. The case of the missing

productivity growth, or does information technology explain why productivity accelerated in the United States but not in the United Kingdom? [J]. NBER/Macroeconomics Annual (MIT Press), 2003, 18 (1): 9 - 71.

[162] Bekaroo G, Bokhoree C, Pattinson C. Impacts of ICT on the natural ecosystem: A grassroot analysis for promoting socio - environmental sustainability [J]. Renewable and Sustainable Energy Reviews, 2016, 57: 1580 - 1595.

[163] Belkhir L, Elmeligi A. Assessing ICT global emissions footprint: Trends to 2040 & recommendations [J]. Journal of Cleaner Production, 2018, 177: 448 - 463.

[164] Berkhout F, Hertin J. Impacts of information and communication technologies on environmental sustainability: Speculations and evidence [J]. Report to the OECD, Brighton, 2001, 21.

[165] Berndt E R, Morrison C J. High - tech capital formation and economic performance in US manufacturing industries: An exploratory analysis [J]. Journal of Econometrics, 1995, 65 (1): 9 - 43.

[166] Bloom N, Sadun R, Van Reenen J. Americans do IT better: US multinationals and the productivity miracle [J]. American Economic Review, 2012, 102 (1): 167 - 201.

[167] Bloom N, Van Reenen J. Human resource management and productivity. In: Ashenfelter, O., Card, D. (Eds.), Handbook of Labor Economics 4B. Elsevier, Amsterdam, 2011, pp. 1697 - 1767.

[168] Blundell R, Bond S. Initial conditions and moment restrictions in dynamic panel data models [J]. Journal of Econometrics, 1998, 87 (1): 115 - 143.

[169] Bond S R, Hoeffler A, Temple J. GMM estimation of empirical growth models [J]. CEPR Discussion Papers, 2001, 159 (1): 99 - 115.

[170] Bresnahan TF, Brynjolfsson E, Hitt LM. Information technology, workplace organization, and the demand for skilled labor: Firm - level evidence [J]. Quarterly Journal of Economics, 2002, 117 (1): 339 - 376.

[171] Bresnahan TF, Trajtenberg M. General purpose technologies 'Engines

of Growth'? [J]. Journal of Econometrics, 1995, 65 (1): 83 – 108.

[172] Brynjolfsson E, Hitt L. Information technology as a factor of production: The role of differences among firms [J]. Economics of Innovation and New Technology, 1995, 3 (3 – 4): 183 – 200.

[173] Brynjolfsson E. The productivity paradox of information technology [J]. Communications of the ACM, 1993, 36 (12): 66 – 77.

[174] Bygstad B, Aanby H P. ICT infrastructure for innovation: A case study of the enterprise service bus approach [J]. Information Systems Frontiers, 2010, 12 (3): 257 – 265.

[175] Byrne D M, Oliner S D, Sichel D E. Is the information technology revolution over? [J]. SSRN Electronic Journal, 2013, 19: 59 – 72.

[176] Cao J, Karplus V J. Firm – level determinants of energy and carbon intensity in China [J]. Energy Policy, 2014, 75: 167 – 178.

[177] Caves D W, Christensen L R, Diewert W E. The economic theory of index numbers and the measurement of input, output, and productivity [J]. Econometrica: Journal of the Econometric Society, 1982: 1393 – 1414.

[178] Chen S, Du X, Huang J, et al. The impact of foreign and indigenous innovations on the energy intensity of China's industries [J]. Sustainability, 2019, 11 (4): 1107.

[179] Cheng Z, Li L, Liu J. Industrial structure, technical progress and carbon intensity in China's provinces [J]. Renewable and Sustainable Energy Reviews, 2018, 81: 2935 – 2946.

[180] Cheung S N S. Economic organization and transaction costs [M]. Allocation, Information and Markets. Palgrave Macmillan, London, 1989: 77 – 82.

[181] Cho Y, Lee J, Kim T Y. The impact of ICT investment and energy price on industrial electricity demand: Dynamic growth model approach [J]. Energy Policy, 2007, 35 (9): 4730 – 4738.

[182] Cole M A. Trade, the pollution haven hypothesis and the environmental Kuznets curve: Examining the linkages [J]. Ecological Economics, 2004, 48

(1): 71-81.

[183] Cui T, Ye H J, Teo H H, Li J. Information technology and open innovation: A strategic alignment perspective [J]. Information & Management, 2015, 52 (3): 348-358.

[184] David H, Dorn D. The growth of low-skill service jobs and the polarization of the US labor market [J]. American Economic Review, 2013, 103 (5): 1553-1597.

[185] David P A. The dynamo and the computer: An historical perspective on the modern productivity paradox [J]. American Economic Review, 1990, 80 (2): 355-361.

[186] Dedrick J, Kraemer K L, Shih E. Information technology and productivity in developed and developing countries [J]. Journal of Management Information Systems, 2013, 30 (1): 97-122.

[187] Dewan S, Kraemer K L. Information technology and productivity: Evidence from country-level data [J]. Management Science, 2000, 46 (4): 548-562.

[188] Dong F, Yu B, Hadachin T, Dai Y, Wang Y, Zhang S. Drivers of carbon emission intensity change in China [J]. Resources, Conservation and Recycling, 2018, 129: 187-201.

[189] Doytch N, Uctum M. Globalization and the environmental impact of sectoral FDI [J]. Economic Systems, 2016, 40 (4): 582-594.

[190] Eggleston H S, Buendia L, Miwa K, Ngara T, Tanabe K. 2006 IPCC guidelines for national greenhouse gas inventories [J]. 2006.

[191] Engelbrecht H J, Xayavong V. ICT intensity and New Zealand's productivity malaise: Is the glass half empty or half full? [J]. Information Economics and Policy, 2006, 18 (1): 24-42.

[192] Erdmann L, Hilty L M. Scenario analysis: Exploring the macroeconomic impacts of information and communication technologies on greenhouse gas emissions [J]. Journal of Industrial Ecology, 2010, 14 (5): 826-843.

[193] Erumban A A, Das D K. Information and communication technology and economic growth in India [J]. Telecommunications Policy, 2016, 40 (5): 412 – 431.

[194] Fan J L, Da Y B, Wan S L, Zhang M, Cao Z, Wang Y, Zhang X. Determinants of carbon emissions in 'Belt and Road initiative' countries: A production technology perspective [J]. Applied Energy, 2019, 239: 268 – 279.

[195] Fan J L, Yu H, Wei Y M. Residential energy – related carbon emissions in urban and rural China during 1996 – 2012: From the perspective of five end – use activities [J]. Energy and Buildings, 2015, 96: 201 – 209.

[196] Färe R, Grosskopf S, Norris M, Zhang Z. Productivity growth, technical progress, and efficiency change in industrialized countries [J]. American Economic Review, 1994: 66 – 83.

[197] Forés B, Camisón C. Does incremental and radical innovation performance depend on different types of knowledge accumulation capabilities and organizational size? [J]. Journal of Business Research, 2016, 69 (2): 831 – 848.

[198] Fueki T, Kawamoto T. Does information technology raise Japan's productivity? [J]. Japan and the World Economy, 2009, 21 (4): 325 – 336.

[199] GeSI. SMART 2020: Enabling the low carbon economy in the information age [M]. Technical report, A Report by The Climate Group on Behalf of the Global e – Sustainability Initiative, 2008.

[200] Girma S, Greenaway D, Wakelin K. Who benefits from foreign direct investment in the UK? [J]. Scottish Journal of Political Economy, 2001, 48 (2): 119 – 133.

[201] Glavas C, Mathews S. How international entrepreneurship characteristics influence Internet capabilities for the international business processes of the firm [J]. International Business Review, 2014, 23 (1): 228 – 245.

[202] Goldfarb A, Tucker C. Digital economics [J]. Journal of Economic Literature, 2019, 57 (1): 3 – 43.

[203] Gordon R J. The measurement of durable goods prices. In: the measure-

ment of durable goods prices [M]. Chicago: University of Chicago Press, 1990.

[204] Griffith R, Redding S J, Simpson H. Productivity convergence and foreign ownership at the establishment level [J]. Available at SSRN 388802, 2002.

[205] Grossman G M, Helpman E. Innovation and growth in the global economy [M]. MIT Press, 1991.

[206] Gullickson W, Harper M J. Possible measurement bias in aggregate productivity growth [J]. Monthly Labor Review, 1999, 122 (2): 47-67.

[207] Hansen B E. Threshold effects in non-dynamic panels: Estimation, testing, and inference [J]. Journal of Econometrics, 1999, 93 (2): 345-368.

[208] Hitt L M, Brynjolfsson E. Information technology and internal firm organization: An exploratory analysis [J]. Journal of Management Information Systems, 1997, 14 (2): 81-101.

[209] Hobijn B, Jovanovic B. The information-technology revolution and the stock market: Evidence [J]. American Economic Review, 2001, 91 (5): 1203-1220.

[210] Huang J, Chen X. Domestic R&D activities, technology absorption ability, and energy intensity in China [J]. Energy Policy, 2020, 138: 111184.

[211] Huang J, Hao Y, Lei H. Indigenous versus foreign innovation and energy intensity in China [J]. Renewable and Sustainable Energy Reviews, 2018, 81: 1721-1729.

[212] Hulten C R. Growth accounting when technical change is embodied in capital [J]. American Economic Review, 1992, 82 (4): 964-80.

[213] IPCC. Climate change 2013: The physical science basis [M]. Cambridge, UK: Cambridge University Press, 2013.

[214] Ishida H. The effect of ICT development on economic growth and energy consumption in Japan [J]. Telematics and Informatics, 2015, 32 (1): 79-88.

[215] Jefferson G H, Huamao B, Xiaojing G, Xiaoyun Y. R&D performance in Chinese industry [J]. Economics of Innovation and New Technology, 2006, 15 (4-5): 345-366.

[216] Jensen M C. Agency costs of free cash flow, corporate finance, and takeovers [J]. American Economic Review, 1986, 76 (2): 323-329.

[217] Jensen M, Meckling W. Theory of the firm: Managerial behavior, agency costs, and capital structure [J]. Journal of Financial Economics, 1976, 3: 305-360.

[218] Jorgenson D W, Ho M S, Stiroh K J. A retrospective look at the US productivity growth resurgence [J]. Journal of Economic Perspectives, 2008, 22 (1): 3-24.

[219] Jorgenson D W, Stiroh K J. Information technology and growth [J]. American Economic Review, 1999, 89 (2): 109-115.

[220] Jorgenson D W, Stiroh K J. Computers and growth [J]. Economics of Innovation and New Technology, 1995, 3 (3-4): 295-316.

[221] Jorgenson D W, Vu K. Information technology and the world economy [J]. The Scandinavian Journal of Economics, 2005, 107 (4): 631-650.

[222] Jorgenson D W. Information technology and the US economy [J]. American Economic Review, 2001, 91 (1): 1-32.

[223] Jorgenson D W, Stiroh K J. Raising the speed limit: U. S. economic growth in the information age [J]. Brookings Papers on Economic Activity, 2000 (1): 125-211.

[224] Joyce P J, Finnveden G, Håkansson C, Wood R. A multi-impact analysis of changing ICT consumption patterns for Sweden and the EU: Indirect rebound effects and evidence of decoupling [J]. Journal of Cleaner Production, 2019, 211: 1154-1161.

[225] Kafouros M I. The impact of the Internet on R&D efficiency: Theory and evidence [J]. Technovation, 2006, 26 (7): 827-835.

[226] Keller W. Geographic localization of international technology diffusion [J]. American Economic Review, 2002, 92 (1): 120-142.

[227] Kinoshita Y. R&D and technology spillovers via FDI: Innovation and absorptive capacity [J]. CEPR Discussion Papers, 2001 (349).

[228] Kleis L, Chwelos P, Ramirez R V, Cockburn I. Information technology and intangible output: The impact of IT investment on innovation productivity [J]. Information Systems Research, 2012, 23 (1): 42 – 59.

[229] Krueger D, Kumar K B. Skill – specific rather than general education: A reason for US – Europe growth differences? [J]. Journal of Economic Growth, 2004, 9 (2): 167 – 207.

[230] Kumar R R, Stauvermann P J, Samitas A. The effects of ICT on output per worker: A study of the Chinese economy [J]. Telecommunications Policy, 2016, 40 (2 – 3): 102 – 115.

[231] Lee K H, Min B. Green R&D for eco – innovation and its impact on carbon emissions and firm performance [J]. Journal of Cleaner Production, 2015, 108: 534 – 542.

[232] Lee S H, Levendis J, Gutierrez L. Telecommunications and economic growth: An empirical analysis of sub – Saharan Africa [J]. Applied Economics, 2012, 44 (4): 461 – 469.

[233] Lee S Y T, Gholami R, Tong T Y. Time series analysis in the assessment of ICT impact at the aggregate level – lessons and implications for the new economy [J]. Information & Management, 2005, 42 (7): 1009 – 1022.

[234] Lefophane M H, Kalaba M. Estimating effects of information and communication technology (ICT) on the productivity of manufacturing industries in South Africa [J]. African Journal of Science, Technology, Innovation and Development, 2020, 12 (7): 813 – 830.

[235] Li B, Liu X, Li Z. Using the STIRPAT model to explore the factors driving regional CO_2 emissions: A case of Tianjin, China [J]. Natural Hazards, 2015, 76 (3): 1667 – 1685.

[236] Lichtenberg F R. The output contributions of computer equipment and personnel: A firm – level analysis [J]. Economics of Innovation and New Technology, 1995, 3 (3 – 4): 201 – 218.

[237] Longo S B, York R. How does information communication technology

affect energy use? [J]. Human Ecology Review, 2015, 22 (1): 55 - 72.

[238] Loveman G W. An assessment of the productivity impact of information technologies [J]. Information Technology and the Corporation of the 1990s: Research Studies, 1994, 84: 110.

[239] Luan B, Huang J, Zou H. Domestic R&D, technology acquisition, technology assimilation and China's industrial carbon intensity: Evidence from a dynamic panel threshold model [J]. Science of the Total Environment, 2019, 693: 133436.

[240] Lucas Jr R E. On the mechanics of economic development [J]. Journal of Monetary Economics, 1988, 22 (1): 3 - 42.

[241] McGuckin R H, Stiroh K J. Do computers make output harder to measure? [J]. The Journal of Technology Transfer, 2001, 26 (4): 295 - 321.

[242] Milgrom P, Roberts J. The economics of modern manufacturing: Technology, strategy, and organization [J]. American Economic Review, 1990: 511 - 528.

[243] Mingyong L, Shuijun P, Qun B. Technology spillovers, absorptive capacity and economic growth [J]. China Economic Review, 2006, 17 (3): 300 - 320.

[244] Mirza F M, Kanwal A. Energy consumption, carbon emissions and economic growth in Pakistan: Dynamic causality analysis [J]. Renewable and Sustainable Energy Reviews, 2017, 72: 1233 - 1240.

[245] Moyer J D, Hughes B B. ICTs: Do they contribute to increased carbon emissions? [J]. Technological Forecasting and Social Change, 2012, 79 (5): 919 - 931.

[246] Nambisan S. Information systems as a reference discipline for new product development [J]. MIS Quarterly, 2003: 1 - 18.

[247] Nickell SJ. Biases in dynamic models with fixed effects [J]. Econometrica, 1981, 49 (6): 1417 - 1426.

[248] Niebel T, O' Mahony M, Saam M. The contribution of intangible assets

to sectoral productivity growth in the EU [J]. Review of Income and Wealth, 2017, 63: 49 - 67.

[249] Niebel T. ICT and economic growth - Comparing developing, emerging and developed countries [J]. World Development, 2018, 104: 197 - 211.

[250] OECD. Greener and smarter: ICTs, the environment and climate change [M]. Technical report, OECD Publishing, 2010.

[251] OECD. Measuring productivity [M]. www.oecd.org/publishing, 2009.

[252] Oliner S D, Sichel D E, Triplett J E, Gordon R J. Computers and output growth revisited: How big is the puzzle? [J]. Brookings Papers on Economic Activity, 1994, 1994 (2): 273 - 334.

[253] Oliner S D, Sichel D E. The resurgence of growth in the late 1990s: Is information technology the story? [J]. Journal of Economic Perspectives, 2000, 14 (4): 3 - 22.

[254] Oliner S D, Sichel D E. Computers and output growth revisited: How big is the puzzle? [J]. Brookings Papers on Economic Activity. 1994, (2): 273 - 317.

[255] Oulton N. ICT and productivity growth in the United Kingdom [J]. Bank of England Quarterly Bulletin, 2001, 41 (3): 321.

[256] Plepys A. The grey side of ICT [J]. Environmental Impact Assessment Review, 2002, 22 (5): 509 - 523.

[257] Raheem I D, Tiwari A K, Balsalobre - Lorente D. The role of ICT and financial development in CO_2 emissions and economic growth [J]. Environmental Science and Pollution Research, 2020, 27 (2): 1912 - 1922.

[258] Ren S, Hao Y, Xu L, Wu H, Ba N. Digitalization and energy: How does internet development affect China's energy consumption? [J]. Energy Economics, 2021, 98: 105220.

[259] Roach S S. Services under siege—the restructuring imperative [J]. Harvard Business Review, 1991, 69 (5): 82 - 91.

[260] Romer P M. Endogenous technological change [J]. Journal of Political Economy, 1990, 98 (5, Part 2): S71 - S102.

[261] Romer P M. Increasing returns and long-run growth [J]. Journal of Political Economy, 1986, 94 (5): 1002-1037.

[262] Sadorsky P. Information communication technology and electricity consumption in emerging economies [J]. Energy Policy, 2012, 48: 130-136.

[263] Salahuddin M, Alam K, Ozturk I, Sohag K. The effects of electricity consumption, economic growth, financial development and foreign direct investment on CO_2 emissions in Kuwait [J]. Renewable and Sustainable Energy Reviews, 2018, 81: 2002-2010.

[264] Salahuddin M, Alam K. Information and communication technology, electricity consumption and economic growth in OECD countries: A panel data analysis [J]. International Journal of Electrical Power & Energy Systems, 2016, 76: 185-193.

[265] Schwab K. The fourth industrial revolution [M]. Currency, 2017.

[266] Shabani Z D, Shahnazi R. Energy consumption, carbon dioxide emissions, information and communications technology, and gross domestic product in Iranian economic sectors: A panel causality analysis [J]. Energy, 2019, 169: 1064-1078.

[267] Shahiduzzaman M, Alam K. Information technology and its changing roles to economic growth and productivity in Australia [J]. Telecommunications Policy, 2014, 38 (2): 125-135.

[268] Shephard R W. Theory of cost and production functions, princeton 1970 [J]. Shephard Theory of Cost and Production Functions 1970.

[269] Shleifer A, Vishny R W. A survey of corporate governance [J]. The Journal of Finance, 1997, 52 (2): 737-783.

[270] Solow R M. A contribution to the theory of economic growth [J]. The Quarterly Journal of Economics, 1956, 70 (1): 65-94.

[271] Solow R M. Technical change and the aggregate production function [J]. The Review of Economics and Statistics, 1957: 312-320.

[272] Solow R M. We'd better watch out [N]. New York Times Book Re-

view, 1987 (7): 36.

[273] Steindel C. Manufacturing productivity and hightech investment [J]. FRBNY Quarterly Review, 1992: 39-47.

[274] Stiroh K J. Information technology and the US productivity revival: What do the industry data say? [J]. American Economic Review, 2002, 92 (5): 1559-1576.

[275] Takase K, Murota Y. The impact of IT investment on energy: Japan and US comparison in 2010 [J]. Energy Policy, 2004, 32 (11): 1291-1301.

[276] Tian Y, Zhu Q, Geng Y. An analysis of energy-related greenhouse gas emissions in the Chinese iron and steel industry [J]. Energy Policy, 2013, 56: 352-361.

[277] Tridico P. Institutions, human development and economic growth in transition economies [M]. Springer, 2011.

[278] Uddin M, Rahman A A. Energy efficiency and low carbon enabler green IT framework for data centers considering green metrics [J]. Renewable and Sustainable Energy Reviews, 2012, 16 (6): 4078-4094.

[279] Uzawa H. Optimum technical change in an aggregate model of economic growth [J]. International Economic Review (Philadelphia), 1965, 6 (1): 18-31.

[280] Vu K M. Information and communication technology (ICT) and Singapore's economic growth [J]. Information Economics and Policy, 2013, 25 (4): 284-300.

[281] Wang Q, Hang Y, Su B, Zhou P. Contributions to sector-level carbon intensity change: An integrated decomposition analysis [J]. Energy Economics, 2018, 70: 12-25.

[282] Wang Z, Yang Z, Zhang Y, Yin J. Energy technology patents-CO_2 emissions nexus: An empirical analysis from China [J]. Energy Policy, 2012, 42: 248-260.

[283] Williamson SD. Macroeconomics (5th Edition) [M]. New York: Prentice Hall, 2013.

[284] Xia M X W. Analysis on APEC's new economic growth strategy [J]. Asia – Pacific Economic Review, 2011, 4: 18 – 22.

[285] Xiao B, Niu D, Wu H. Exploring the impact of determining factors behind CO_2 emissions in China: A CGE appraisal [J]. Science of the Total Environment, 2017, 581: 559 – 572.

[286] Xu L, Chen N, Chen Z. Will China make a difference in its carbon intensity reduction targets by 2020 and 2030? [J]. Applied Energy, 2017, 203: 874 – 882.

[287] Yang L, Maskus K E. Intellectual property rights, technology transfer and exports in developing countries [J]. Journal of Development Economics, 2009, 90 (2): 231 – 236.

[288] Yang Y, Cai W, Wang C. Industrial CO_2 intensity, indigenous innovation and R&D spillovers in China's provinces [J]. Applied Energy, 2014, 131: 117 – 127.

[289] Yu S, Hu X, Fan J, Cheng J. Convergence of carbon emissions intensity across Chinese industrial sectors [J]. Journal of Cleaner Production, 2018, 194: 179 – 192.

[290] Yu S, Wei Y M, Wang K. Provincial allocation of carbon emission reduction targets in China: An approach based on improved fuzzy cluster and Shapley value decomposition [J]. Energy Policy, 2014, 66: 630 – 644.

[291] Zhang A, Zhang Y, Zhao R. A study of the R&D efficiency and productivity of Chinese firms [J]. Journal of Comparative Economics, 2003, 31 (3): 444 – 464.

[292] Zhang C, Zhou B, Wang Q. Effect of China's western development strategy on carbon intensity [J]. Journal of Cleaner Production, 2019, 215 (APR.1): 1170 – 1179.

[293] Zhang C, Liu C. The impact of ICT industry on CO_2 emissions: a regional analysis in China [J]. Renewable and Sustainable Energy Reviews, 2015, 44: 12 – 19.

[294] Zhang C, Zhou X. Does foreign direct investment lead to lower CO_2 emissions? Evidence from a regional analysis in China [J]. Renewable and Sustainable Energy Reviews, 2016, 58: 943-951.

[295] Zhang Q, Yang J, Sun Z, Wu F. Analyzing the impact factors of energy-related CO_2 emissions in China: What can spatial panel regressions tell us? [J]. Journal of Cleaner Production, 2017, 161: 1085-1093.

[296] Zhang Y J, Da Y B. Decomposing the changes of energy-related carbon emissions in China: Evidence from the PDA approach [J]. Natural Hazards, 2013, 69 (1): 1109-1122.

[297] Zhang Y J, Liu Z, Zhang H, Tan T D. The impact of economic growth, industrial structure and urbanization on carbon emission intensity in China [J]. Natural Hazards, 2014, 73 (2): 579-595.

[298] Zhou P, Ang B W. Decomposition of aggregate CO_2 emissions: a production-theoretical approach [J]. Energy Economics, 2008, 30 (3): 1054-1067.

[299] Zhou X, Zhou D, Wang Q, Su B. How information and communication technology drives carbon emissions: A sector-level analysis for China [J]. Energy Economics, 2019, 81: 380-392.